進退法則
處世沒有那麼難

康昱生 舒天 孫思忠 著

方與圓 × 進與退 × 剛與柔

掌握好分寸
它們都是你最好的處世學分

◎大事上精明、小事上糊塗！
◎厚臉皮也能成就人生大智慧！
◎忍耐不是懦弱，而是你的武器！

方正做人，圓融處世
在好複雜的人生裡，有著最簡單的智慧

目 錄

前言	005
一、誠信是處世的根本	007
二、糊塗做人：半清醒半糊塗	041
三、忍耐成就一切：掌握忍讓的謀略	087
四、內正外圓：處世之道	129
五、厚道但不陰險：厚德載物	185
六、互利共贏：人生的藝術	237

目錄

前言

　　追求卓越是生命中最熾熱的的因子,渴望成功是人生最活躍的本能。因為,成功意味著生命的富足與健康,成功代表著人生的幸福與快樂。儘管生活從來不會讓我們盡如人意,人生始終都是競賽般的艱辛,但是成功的夢想,從人生開始的那一刻,就在我們每個人的心裡熱得滾燙。

　　實現人生的成功,可以有無數種選擇,可以有無數條路徑,但是都離不開人生的智慧。你可以勇敢地去追求,若是缺少了智慧,就只能是在空幻中作不切實際的勞作。你也可以不停地奮鬥,若是沒有智慧的支撐,就只能在無休止的煩惱中埋葬最初的熱情。

　　人生的智慧在於對生命的思考,而成功的人生在於讓智慧閃光。

　　成功人生的大智慧,是生活的哲理,是處世的藝術,是立身的學問,是生存的技巧,更是一把開啟成功之門的金鑰匙。

　　人生是個萬花筒,每個人都以自己的方式,表現出獨具個性的色彩與姿態。如果缺少了智慧,就會使自己的人生黯然失色。也許我們一次不理智的拖延,卻錯過了春天的季

前言

節；也許我們一次不留神的衝動，卻夭折了未成熟的果實；也許我們一次不聰明的放棄，卻失去了與成功牽手的機會。因此，感悟成功人生的經驗，啟用自我的智慧能量，可以使我們的人生少走些彎路、少犯些錯誤，更快些與陽光擁抱，與成功交會。

人生的智慧豐富多彩，成功的方法許許多多。如果你想掌握住未來的人生，那麼，善於學習、善於思索，就會裨益多多。本書將精彩的人生哲理、實用的人生途徑、最有說服力的人生經驗，盡收囊中，送給廣大讀者，目的就是啟迪讀者對人生的思索，引發讀者對生活的感悟，讓讀者在智慧的海洋中，找到自己的成功之路。

人生不可缺少智慧，智慧創造新的人生。

願以此書與廣大的讀者朋友共勉。

一、誠信是處世的根本

一、誠信是處世的根本

1. 誠實不欺是處世的基礎

誠實正直的品格如同沙漠中的泉水、黑暗中的燈火，彌足珍貴。人與人的交往中，一切的虛情假意、曲意奉承總會有被揭穿的一天。

人要了解他人、褒貶他人是容易的，若要真正了解自己、正視自己卻十分困難。要打扮、粉飾自己的外貌是容易的，但是要做到事事都無愧於心並不容易。儘管如此，我們仍然要做到以誠待人，要對人真誠，不要用欺騙的方法來與人相處。

世界上假的東西太多，它們在一時間也的確矇蔽了不少人。但是假的終究是假的，經不起真實的考驗。我們在生活中，靠欺騙手段可能會贏得別人一時的尊重與信任，但是遠不如誠實更有用。

日本某證券公司的創業者小池，就是靠誠實的品德走向成功的。小池13歲就背井離鄉，當了小店員。20歲時開了一間商店，並在一家機器製造公司當業務員，有段時期他的機器推銷得非常順利，在半個月內就與33位顧客做成了生意。但是他很快就發現，他賣的機器比其他公司出品的同效能機器還貴。他認為，跟他訂約的客戶一旦知道，會因為被

1. 誠實不欺是處世的基礎

當成冤大頭而感到難受。於是，大感不安的小池立即帶上契約書和訂金，整整花了三天的時間，逐家逐戶地去尋找客戶，老老實實地向他們說明情況，並請顧客廢棄契約。這種誠實的做法使每一位訂戶都深受感動，結果不僅33人之中沒有一個廢約，反而加深他們了對小池的信賴和敬佩之心。

當消息傳開後，人們知道小池經商誠實，紛紛前來他的商店購買東西，或是向他訂購機器，他很快便成了有錢人，不久就創立了證券公司。這位出身貧寒的小池成為大企業家之後說：「做生意成功的首要條件是誠實，誠實就像是樹木的根，如果沒有根，樹木就別想有生命了。」

做生意是這樣，做人又何嘗不是如此呢？身為一名現代人，即使做不到完全的大公無私，也不能總是光想到自己，更不能把利己的動機建立在損害他人利益的基礎上。

然而，有不少人把誠實正直這些優秀品格和處世原則，貶為不屑一提的東西，甚至認為誠實就是傻，誠實之人就是傻子，混不開，吃不香，似乎只有「又厚又黑」才能成功。

國外某大公司公開徵副經理，總經理一見到應徵者，就馬上從座位上跳了起來，大喜地說道：「上個月我在高速公路旁出了車禍，幸好您救了我。等我清醒時，您已經走了。今天，我一定要好好謝謝您！」應徵者之一湯姆瞪大雙眼，不得其解，但是仍然回答說：「抱歉，恐怕您弄錯了。」總

一、誠信是處世的根本

經理很不高興地說:「難道我蠢得連恩人都記不住嗎?」湯姆仍然正色答道:「很抱歉,那確實不是我。」回到家以後,他想這次肯定落選了。沒想到第二天公司居然通知他去上班。後來,總經理才告訴他,根本就沒有車禍那回事,可悲的是那麼多的候選人中,只有湯姆是誠實的。這位總經理如此考察人,真是煞費苦心。但是他遵循了一個基本原則,即誠實正直是良好人際關係、社會交往的保障。

一位翻譯家曾說:「一個人只要真誠,總能打動人的。即使人家一時不了解,日後也會了解的。」他又說:「我一生做事,總是第一坦白,第二坦白,第三還是坦白。繞圈子,躲躲閃閃,反而容易叫人疑心。你耍手段,倒不如光明正大,實話實說。只要態度誠懇、謙卑、恭敬,無論如何,人家不會對你怎麼樣的。」

誠實的人不會吃虧。而自以為聰明、自以為得意、愛欺騙別人的人,最終是要受到懲罰的。

我們可以欺騙少數人一輩子,我們也可以欺騙多數人一時,但是我們永遠也不可能欺騙多數人一輩子。

真誠待人、恪守信義是贏得人心,產生親和力的道德基石。恪守誠信,能使你在激烈的競爭中處於不敗之地。

2. 誠實是一種優勢

在現代商業社會中，誠實就是品牌，誠實就是財富，誠實可靠者的良好個人信譽，將會為你贏得持久的合作夥伴，助你在商戰中獲勝。

誠實不但是一個人立身處世的基本原則之一，也是社會對人的一項基本要求。當代社會對誠實的渴求將會使老實人身分倍增。

我們把誠實的人一般叫做老實人。老實人說話、辦事都非常實在，很少有欺瞞之心，更沒有騙人、害人的想法。雖然他們有時也因不分時間、地點和對象而誠實得過了頭，並因此為自己惹來不少的麻煩。但是整體而言，誠實仍是老實人不應放棄的一大優勢。我們之所以這樣說，並不是簡單隨便地站在道德制高點，而是基於各種經驗的總結和印證。我們認為，從長遠的觀點來看，誠實並不會使老實人吃虧。

誠實之所以應該成為一個人立身處世的基本原則之一，乃在於它是一種長遠的投資。說實話、辦實事，從當時來看可能是毫無意義甚至是吃虧不淺，但是這種吃虧就像是儲蓄中的零存整取一樣，在未來的某一天肯定會為你帶來巨大的財富和回報。因為大家都相信你，都願意與你合作，也願意

一、誠信是處世的根本

在危難時幫助你。而處處欺詐之人,可能會得到一時的利益,但是卻失去了所有人的信任,這就等於是撿到一粒芝麻,但是卻丟掉一座穀倉。所以,誠實會給一個人帶來長遠利益,它是一種取之不盡、用之不竭但是又花錢買不來的東西。而且,我們要想獲得良好的人際關係,也只能採取對等原則「以誠換誠」,對人不誠者也得不到別人真誠的對待。

誠實還會帶來「品牌效應」。也就是說,誠實是社會所弘揚的一種道德準則和價值觀念,被認為是誠實的人,就會有信譽、有佳名、有道義上的優勢。你說的話別人就會信,別人也願意與你交往和合作。而那些滿嘴謊言者,早已臭名遠揚,大家都唯恐避之而不及,更不會與之作真心的朋友了。這就好比是商業中的品牌,知名品牌、優質品牌其本身就有價值,只聞其名,無需看貨,便知是好產品,在市場上自然就吃得開,有長久的生命力。

顯而易見,誠信是為人處世的一大優勢。但是,要想發揮好這種優勢,老實人還應該具備這樣一個條件,即,不把對誠信的理解絕對化。我們講誠信,並不是指有什麼就說什麼,毫無顧忌、毫無保留,甚至連商業機密和人情隱密也透露給對方。講誠信也要講技巧,更要講效果,我們應當切記這一點。

3. 堅守誠信，化解危機

人無信不立。良好的信譽會帶給自己的行動意想不到的便利；誠實、守信也是形成強大的親和力的基礎。

誠實守信的人會使人產生與你交往的願望，在某種程度上，會消除不利因素帶來的障礙，使困境變為坦途。

三國時代的諸葛亮四出祁山時，所率兵馬只有10多萬人，而司馬懿卻有精兵30萬，蜀、魏在祁山對陣，正在這緊急時刻，蜀軍有1萬人因服役期滿，需退役回鄉。而離去1萬人，會大大影響蜀軍的戰鬥力。服役期滿的士兵也憂心忡忡，大戰在即，回鄉的願望恐怕要化為泡影。這時，將士們共同向諸葛亮建議：延期服役一個月，待大戰結束後再讓老兵們還鄉。

諸葛亮斷然地說：治國治軍必須以信為本。老兵們歸心似箭，家中父母妻兒望眼欲穿，我怎能因一時需要而失信於民呢？說完，諸葛亮下令各部，讓服役期滿的老兵趕快返鄉。諸葛亮的命令一下，老兵們幾乎不相信自己的耳朵，隨後一個個熱淚盈眶，激動不已，決定不走了。「丞相待我們恩重如山，如今正是用人之際，我們要奮勇殺敵，報答丞相！」老兵們的激情對在役的士兵則是莫大的鼓勵。蜀軍上

一、誠信是處世的根本

下群情激憤，士氣高昂，在形勢不利的情況下擊敗了魏軍，諸葛亮以信帶兵取得了以少勝多的戰績。

在現代商業營運中，有人說：「無商不奸」。其實，「奸商」的行徑是遭人唾棄的，只有誠實守信才能取得真正意義上的成功。

以誠相待是現代社會人際交往中最重要的法則，大多數矛盾都能用誠信的辦法解決。只要真誠待人，就可能贏得良好的聲譽，獲得他人信任，將可能產生的矛盾化解在無形中。

「老實人不吃虧」，是個人人皆知的人生哲理。因為，愛人者人愛之，精誠所至，金石為開。

4. 厚道的人，才會被委以重任

「敦厚之人，始可託大事」，即是說一個人如果具備誠實的美德，便值得信任，上司或朋友才可以委之以大任，以大事相託。

一個人如果不夠誠實，往往在政治上成為兩面派，在社會上成為圖利棄友的市儈小人，這樣的人是沒有朋友的，有朋友也只是利用朋友來達到自己的目的，把朋友當作工具。交友如果不交心，一切都不會長久。誠實的人才是可以信任的人。下面的兩個小故事可以證明這一點。

晏殊還沒有成年時參加殿試。他看過試題，說：「我十天前已經做過這個題目，而且文章草稿還儲存著，請皇上換別的題目吧。」宋真宗非常喜歡晏殊的這種誠實。

有一年，宋真宗允許臣僚們挑選旅遊勝地舉行宴會。各級官員都踴躍參加，連市樓酒店也都設立帷帳以供宴會和旅行住宿的需要。晏殊這時手頭拮据，沒錢出遊，便獨自居家與兄弟讀書論理。這天，宋真宗挑選輔佐太子的官職，出人意料地在百官中選任晏殊。宰相問真宗用意，真宗解釋說：「我聽說各級官員，無不遊山玩水，大吃大喝，通宵達旦，歌舞不絕，唯有晏殊閉門與兄弟讀書，如此謙厚，正可擔當

一、誠信是處世的根本

輔佐太子的重任。」晏殊聽說後,便老老實實向真宗說:「我並不是不喜歡遊樂吃喝,只是因為我現在沒錢。如果有錢,這些旅遊宴會我也會參加的。」宋真宗越發佩服晏殊的誠實,又因為晏殊懂得為臣之道,便越來越受到真宗的重用,到宋仁宗時,晏殊被任命為宰相。

三國時,孫策任用呂範主管東吳財經大權。孫策的弟弟孫權此時年少,總是偷偷地向呂範要錢,呂範則一定要請示孫策,從來沒有獨自答應孫權。因為這件事,孫權對呂範很有意見。後來孫權任陽羨縣令,建立了自己的私房錢以備私用。孫策有時來查帳,功曹周谷總是為孫權塗改帳目,造假單據,使孫策沒有理由責怪孫權。孫權這時很感謝周谷。

後來,孫權接替孫策統管東吳大事,因為呂範忠誠,特別受到孫權的信任,而周谷卻因為善於欺騙和更改帳目,而始終沒有得到孫權的重用。

敦厚誠信,永遠會使你的人格充滿魅力,這是別人信任你的前提,也是擔當重任者必備的品格。

5. 信用是行走人間的憑證

　　信用,是一項彼此的約定,也是一種具有約束力的心靈契約。有時它無體無形,但是卻比任何法律條文具有更強的行為規範。

　　已是千萬身價的一個富翁,講了一個關於信用的故事:

　　那還是兩年前,我的事業剛剛起步,每天只能騎腳踏車上下班。有一天傍晚,我急匆匆地回家,但是沒走多遠,腳踏車就壞了。這時,前後左右,沒有計程車,也沒有修車行。最要命的是,我摸遍全身發現,自己全身上下一塊錢也沒有帶。

　　推著車子走了很遠,終於遇到一個正要收工的流動修車攤。當時,滿天的雲愈積愈濃,眼看著一場大雨就要來臨。顧不得許多,我懇求那位年邁的師傅趕緊幫忙修車。

　　當我宣告身上沒帶錢時,那個師傅說:「可以啊,留下點什麼作抵押,明天來取。」我說:「好,我把工作證留下。」他看了看我,再也沒說話,動手修起車來。

　　交談中得知,這位老人也曾顯赫輝煌過,曾經連續十年贏得勞工模範,但是因為不識字,一直在基層職位上工作著。他還是一個愛廠如家的模範,在兒女中學畢業後,他勸

一、誠信是處世的根本

說孩子們到他所在的工廠工作。但是事過境遷,企業終於垮掉了,老模範眼含熱淚,一步一回頭地離開了自己幾乎奉獻畢生的工廠。在兒女失業的同時,自己的老伴又不幸生病臥床不起,企業已經指望不上,全家就靠他擺的這個修車攤度日。

車子修好後,我把工作證留給了老人。老人一邊很仔細地放好,一邊抱歉地對我說:「孩子,我沒有文化,做得可能也不對。不是我俗氣,我是不得已啊!按理說,誰沒有需要人幫忙的時候,誰能萬事不求人?但是我真的需要錢啊,留下您的證,您多擔待著點吧。」

我趕緊說:「應該是我說謝謝才對,沒有您的幫忙我怎麼回家啊!」我心裡想,付出了勞動,收穫報酬,是天經地義的事。

而這次老人要的報酬僅僅是2塊錢。

第二天,我又來到了那位老人的攤子,想把昨天的錢還給他。沒想到老人一臉惶恐,說話也變得結巴起來,原來,由於昨天被大雨澆溼,奔跑中,老人將我的工作證弄丟了。今天儘管自己仍在發燒,但是為了等我,仍然強撐著到此擺攤。

我有些衝動地說:「你怎麼能這樣?你知不知道,辦證很麻煩,而且要好多錢?」我相信,就在當時,我一定顯現

5. 信用是行走人間的憑證

出了自己心靈醜惡的本性。我這個曾受人恩惠的人，一旦擺脫了困境，就忘記了自己曾有過的乞求。有那麼多人在場，老人的臉上很不自然，只是一直道歉。

離開老人的車攤，我開始意識到自己的表現，真的不像是一個有修養的人的作為。因為再辦一個工作證並不麻煩，也用不了多少錢。而最起碼，如果不是老人幫忙，昨天淋雨與今天生病的，應該是我而不會是他。不久，我漸漸地淡忘了這件事。

大約過了近半個月的時間，老人卻找到公司來了，他並沒有找到工作證，但是卻記住了我的公司和名字，並送來150塊錢，當作我辦證的費用。我知道，那幾乎是老人這半個月的所有勞動所得。

儘管我一再說明情況，稱當時不過是一時氣盛說了那些話，但是老人執意要把錢留下，還很抱歉地說：「真對不起啊！收下吧。做人總該講點信用，那是老天教人做人的本分。」

從那一天起，我一直感謝老人為我上了關於信用的最好一課。事實上，這件事給了我很大的震撼，老人的言行讓我重新思考公司的立足之本。公司得到發展之後，在我的懇求之下，老人來到公司，成了一名極為出色的倉庫管理員。

當我們的社會進入競爭經濟時代的時候，很多人的信用

一、誠信是處世的根本

觀念早已不復存在。人們開始學習玩小聰明，耍歪手段；羨慕陰謀詭計，弄虛作假；崇尚無原則辦事，拍馬投機。一時間，大街小巷皆見教人智謀，中學大學頻見捧讀韜略厚黑。

我們的社會生了什麼病？

經商有經商的商機，遊戲有遊戲的規則，做人有做人的分寸，處世有處世的方圓，從過去到今天，亙古依然。而唯獨今天，我們的信用可以輕易地就拋棄嗎？

信用是一種人格的體現，是人類社會平穩存在，人與人和平共處的基礎，也是人性中最珍貴的部分。它與偽君子無緣，遠離空談之人。給予人信用，就是對人以許諾，那就是不變的永恆。

要維護遵守信用，有時自然要犧牲一些時間、愛好、自由，甚至要付出鮮血和生命，但是如果你自己，與你所在的整個世界都沒有了信用，那你又將生活在一個什麼樣的人世間？

6. 物極必反，誠實也須適度

在動物王國，獅子慣於在一群數以千計的大羚羊中，挑選出生病的或者垂頭喪氣的那隻作為腹中餐。一旦別人覺察出我們的膽怯和怯懦，我們旋即便會成為他們攻擊的目標。

在舊社會中，一般人養狗不是供家人玩賞，而是用來看家，防禦外人破門而入的。

一條不咬人的狗對一位主人來說毫無用處。可是，狗沒有專門訓練牠成為看家狗。牠應該襲擊誰、應該讓誰進屋，全憑牠的本能來定。一條狗讓一個強盜進入牠的主人的屋子，或者咬了一位不應該咬的重要的來訪者，牠就會遭到不幸。狗很快地學會按照幾條簡單的規則，區分誰是受歡迎的來訪者，誰是不受歡迎的來訪者：

1. 攻擊任何一位企圖進屋的衣衫襤褸或者蓬頭垢面的陌生人。他不是乞丐就是小偷。
2. 攻擊任何一位看來情緒低落、鬼鬼祟祟、或者缺乏信心的陌生人。咬他不會帶來任何麻煩。這是向主人顯示，你要提高警惕的簡便的方法。
3. 如果一位陌生人既衣衫襤褸，又垂頭喪氣，毫不猶豫地撲上去。這是一次唾手可得的勝利，而且不帶絲毫風險。

一、誠信是處世的根本

4. 別攻擊衣冠楚楚或者穿著考究的陌生者。他極可能是一位受歡迎的來訪者,咬他可能惹得主人揍你。
5. 別襲擊情緒高昂、信心十足的陌生人,他興許會親自動手揍你一頓。
6. 倘若一位陌生人衣冠楚楚、穿著考究、情緒高昂、信心十足,搖著你的尾巴,向他迎上去。

這些簡單的區分好歹的規則,在全世界的商人中間,在政客之間,司空見慣。在確定他們應該拍誰的馬屁和應該攻擊誰時,他們通通傾向於在有錢有勢者面前卑躬屈節、奴顏婢膝,而對又窮又弱者則凶相畢露,毫不留情。

那些天生狡詐、殘忍的人們,總是占那些心地善良、信任他人的人便宜。

凱文跟他的合夥人攜手做一個專案達八個月。他花費了自己的全部儲蓄和時間,成功地完成了他所負責的部分研究和發展計畫之後,誰知那位負責市場開發的合夥人竟然私下覓得另一位合夥人,此人能夠提供額外的資金,於是他毫不留情地把凱文排擠出該專案。由於凱文把自己的錢全部花在了研究和發展上,如今連僱一位律師起訴那位原定合夥人的錢都沒有。

凱文是這樣一個人,他覺得人人都是最好的人。只在他身邊待一會兒,你就會知道他是個「好」人。其實,他太善

6. 物極必反，誠實也須適度

良了。因為他盲目而又堅定不移地信賴別人，他將自己置於被他的合夥人捉弄的境地。沒有一紙書面協議，他便開始埋頭工作，把完成了的產品拱手交給自己假定的合夥人。

凱文不是世界上唯一一個傻瓜。幾乎人人在一生中都曾相信原以為值得信賴的人，結果發現他們並不可信。透過這些教訓，我們了解到，做一位鬥士，努力爭取自己合法的、應該得到的權利，是很有必要的。

一、誠信是處世的根本

7. 切勿過於順從

一味順從是很危險的，這樣會阻礙人們營造出和諧順暢的人際關係。在與人交往中，要勇於拒絕。不要繁瑣的禮節，過多自責以及過多的退讓。

有些人，對別人的任何要求或命令都採取無條件同意，馴服的態度已形成一條鐵律，他們不願讓別人失望，害怕因此激起請求者的惱怒和怨恨；他們希望自己做到「百依百順」、「有求必應」，從而來塑造和維護自己的老好人與大能人的形象；他們覺得「不」是一種無禮和否定，如果想與人和平相處，「不」字就不能出口。長期如此，他們不僅一直不說「不」，就算想說時，也不知道怎麼去說。

是否一味地迎合、滿足他人的要求，就能營造出和諧順暢的人際關係呢？當然不是。由於不會拒絕而勉強地說「好」，事後一方面會為勉強承諾而自找麻煩——接受你並不喜歡去的邀請；買一些你完全不需要的商品、陪人乏味地聊天；忍受對你本來不歡迎的造訪、做很多違背你原則的事……這些事你勉為其難做著、滿懷厭惡和沮喪地做著，這些厭惡、沮喪反而會損害你的人際關係。

7. 切勿過於順從

另一方面，你會因此在生活的大部分時間裡都感到苦惱、失望和愧疚，你感覺無法主宰自己的生活，你長出一副虛假的面孔，滔滔不絕地說著謊話，你的形象是如此蒼白可怖，以這種形象去與人交往，又怎能為人所敬愛呢？有的時候明知無法辦到卻答應下來，浪費了自己大量的時間與精力卻無濟於事，很容易招致委託人的惱怒，因為你誤了人家的事。

下面是關於交際的三個忠告：

(1) 不要太禮貌和客氣

與人來往應當注重禮貌，尤其是剛認識的朋友。但是過分的客氣卻像一道無形的牆，妨礙雙方的進一步交流。人之相交，貴在知心。經過初步的交往後，最好省去太官方的稱呼，略掉太客氣的繁文縟節，坦然表露自己的思想、觀感和欲求。這樣，對方就會覺得你是用「自己人」的心態對待他。比如，赴宴時大大方方向主人要點心吃，在主人心中便印下了把他當做一家人的印象。這樣，雙方的交往變得親密融洽。

「你要人家怎麼對待你，你就應當怎麼對待人。」

這句交友格言提醒我們：如果老是把自己和對方當成賓主關係，那對方也不會把你當成親近的自家人。

一、誠信是處世的根本

(2) 不要太多自責

檢討交際中的失誤，以便及時糾正，當然是好事。但是過分自責也無異於因噎廢食，作繭自縛。

因為工作需要，于某常參加一些年終評審、成績考核之類的會議。一個人發言後，是好的，便盡力指出其各種成績；是差的，便言詞尖銳地指出其不足。會議結束後，他常常會自責：用詞太過、意見太偏。然後又擔心傳到當事人那裡，老是這樣，便有惴惴不安的感覺。于某於是下決心，今後不在這類會議上發言了，連帶著在別的一些討論會上也三緘其口。就這樣，他陷入了交際的惡性循環。

後來，于某讀了一些關於交際的論著，並得到一位專家的提醒，才領悟對交際中的失誤，不要抱愧不已，自責不止。

因為，任何人在交際中都不可能完全沒有失誤，即使是德高望重的領袖人物，也在所難免。當你自責不已時，那些在場的人士或許早已忘卻了你的失誤。更何況，當你下次以新的形象出現在交際場合，一一糾正以往的失誤時，大家都會另眼相看。

所以，不要沉湎於一時一事的失誤，不要讓自責縛住手腳，只要糾正就可以了。

(3) 不要太謙讓

謙讓，是一種好品格，但是在社交場合中若太謙讓，常會與很多機會失之交臂。

有位非常善於交際的朋友與前面提到過的于某有過一番很懇切的交談。他說他透過頻繁的社交活動獲益良多。他的訣竅是四個字：「勇字當頭。」他認為，人的能力是在實際生活中磨練出來的，看再多的社交書籍而不實踐，不可能增長社交能力。他不斷主動尋找社交活動的機會。公司裡有什麼事需要與人交涉，或者有什麼重要的接待工作，他會盡量承攬下來，結果漸漸把許多事辦得順風順水；朋友間碰到的難題，他會設身處地，或出謀劃策，或拉線牽橋，四處奔走幫忙⋯⋯在辦理這些事的過程中，他的社交能力迅速提高。

在交際中，很多人的缺點就是太過謙讓。把好多事推給別人，常表現為「口將言而囁嚅，足將進而趑趄」的猶豫不決。應當「勇」字當頭，熱情積極地參與各種社交活動，絕不在社交任務前有過多的謙讓。慢慢地，也一樣能夠變得善於交際了。

一、誠信是處世的根本

8. 婉轉拒絕，巧妙說「不」

很多人常常遭遇這樣的困惑：對於必須拒絕的事，究竟該如何說不呢？其實，只要有點勇氣和智慧，你就能夠輕鬆過關了。

人與人的交往呈現複雜多變的多種形式，所以，能夠如魚得水般地、應對自如地處理好這些複雜多變人際交往形式的人，似乎屈指可數，這也正說明了處理好人際關係不易。因而，一些不知如何應對的情況，總是常常地出現在我們身邊。

在眾多難題中，最令人感到頭痛的情況就是拒絕對方的請求。

面對需要拒絕的要求時，最難拿捏的是既不能隨便地答應、又無法直接地說「不」。常答應請託的人往往得到許多相當正面的評價，所以有些人認為，如果拒絕別人的請求，恐易對自我聲望產生負面的影響。於是，拒絕與否在取捨之間便難以決斷。如此一來，原本幫忙的能力不夠，卻又勉強答應，結果卻後悔的情形就相當常見了。

事實上，那些考慮個人形象會因拒絕別人遭受影響的理由，往往是一種藉口，由於自己意志不堅定，而勉強答應別

8. 婉轉拒絕，巧妙說「不」

人的要求的例子屢見不鮮。這些意志不堅定的人，通常認為斷然拒絕對方的要求，未免顯得太過無禮。而若是在答應後又覺得不對，且又力不從心難以履行諾言時，再轉變語氣拒絕對方，顯然已經晚了。因為，等無法做到允諾的事情，再予以拒絕，給人的印象更糟。甚至需要付出成倍的代價去彌補損失或兌現承諾。如果這件事只限於個人的煩惱，還稱得上不幸中的萬幸，若因此事而與要求請託的對方產生不愉快，甚至產生怨懟、仇視，演變成雙方人際關係上的矛盾與衝突，豈不更得不償失？

誠然，一開始即斬釘截鐵地說「不」，委實無情，然而，不要因此而放棄拒絕的權利。即使拒絕會破壞別人對自己的期望或好感也在所不惜，為什麼要勉強自己接受偶像型的虛名呢？畢竟，力不從心的事終究還是辦不到。先把這一點想清楚，然後及早設法向對方懇切地說明，這樣，才是真正的交往之道。

也許這樣一來，請求你的人可能會短期內表現出失望和不滿，但是總比中途反悔要好多了。所以在考慮答應對方的請求前，應先仔細檢驗自己是否力所能及；如果答案是否定的，不妨想想，一旦失約後，對方對自己所產生的不信任感會更強大。那麼既然很難做到，何不鼓起勇氣說拒絕。

拒絕別人的請求，絕不是一件丟臉的事情，所以無須感

一、誠信是處世的根本

到害羞。最重要的是能明明白白地將不能承諾的原因說明，以消除對方可能產生的誤會。至於對方有何反應或想法，就看他的為人如何了。不過你決斷與明智的拒絕態度必然會受到某種程度的肯定。

倘若你既具備了拒絕的勇氣，也還具有替對方設想的善意，那麼就已經掌握了拒絕的藝術和訣竅了。

如何為對方設想呢？譬如，自己幫不上忙的事，也許自己所認識的人有這個能力。此時不妨運用自己的關係網為對方鋪路。如果成功的話，對方必定會對你感恩戴德，即使失敗了，對方亦會自覺不該過分強人所難而取消對你的請求，也同樣會有感於你的誠意。

9. 別總是讓步，保護自己利益

假如你不理直氣壯地堅持要求得到真正屬於自己的東西，別人不會幫助你。即使你果真維護自己的權利，很多人也會企圖恫嚇你。

在這個世界上，大多數人認為好人似乎總是得不到好報。當我們過於傾心於討好別人，太好說話的時候，別人也許會得寸進尺，捉弄我們。他們希望壓得你低人一等，使你灰心喪氣，這樣你就不會阻礙他們前進的路途。

芭芭拉是一家電視臺的新聞主持人。她在這家電視臺做了五年多，她的新聞節目最近被評為當地第一流節目，可是這五年來，她向事業的頂峰攀登並不總是一帆風順、輕而易舉的。

三年以前，當她不得不與電視臺談判簽訂合約時，她遇到了一些嚴重的阻力。電視臺經理向她暗示，他再與她續簽合約，沒讓她走人，她應該感到幸運。她很清楚地聽出了言下之意：「你是個女生，女生不應該咄咄逼人。」

當她要求修改合約時，電視臺經理大發雷霆，她強烈地相信本身的自我價值，拒絕讓步。每天新聞部主任都把她叫到自己的辦公室，對她的工作橫加指責，而且每回訓斥結束

一、誠信是處世的根本

時總是說:「簽這個合約吧。」四個月過去了,她仍然毫不動搖。最後,電視臺經理答應了芭芭拉提出來的每一項修改的要求。

然而,在她簽訂合約之前,她把合約拿去徵求一位律師的意見。這位律師建議在措辭上作幾處小小的改動。她回到電視臺告訴他們此事時,他們大吃一驚,又一次暴跳如雷。她的上司們直言不諱地說,他們認為她的行為太自私、不道德。即使這時,芭芭拉也不讓步。最終,根據雙方都能接受的意見,修改了合約的措辭。

最近,芭芭拉與同一家電視臺又簽訂了一項為期三年的合約,這一回容易多了。正如她說的那樣:「如今,他們知道我是一個什麼樣的人,我說到做到。跟我在一起兒工作的很多人對我說,我應該要求比我真正想要的更多,然後再讓步,這樣能使主管們有勝利感。可是,我不以為然。我要求他們給我提供必要的條件,而其他錦上添花的條件我不會奢求。」

這個故事的意義不在於芭芭拉的談判手法。沒有什麼左右你應該要求得到比你想得到的更多東西,或者僅僅要求獲得那些沒有你就不能生活的東西。更重要的是,應該注意和分析使芭芭拉如此堅強的精神。她被迫每日頂住電視臺上司以威脅、淫威和侮辱形式的恫嚇。與此同時,她又不得不以

9. 別總是讓步，保護自己利益

一個妙趣橫生的記者職業風度，興致勃勃地面對攝影機鏡頭每夜播送新聞。她從不讓談判中滋生的那種情緒影響自己的工作。芭芭拉具有一種強烈的自我價值觀。她勇敢地保護自己免受淫威的傷害，讓自己為了獲得應該獲得的東西而戰。

一、誠信是處世的根本

10. 義利分明，保持警惕

如今，有些「朋友」確實像一些欺詐情感的騙子強盜！在生意場上交朋友，一定要心生警惕，擦亮眼睛，謹防上當受騙！

世界漸漸已成為一個小圈子，人與人的聯繫日趨緊密。俗語說：「出門靠朋友，多個朋友多條路」，其實「朋友」不僅是「路」，還是資訊，還是聲勢，還是映花之綠葉，還是成交鵲橋，還是躲難的防空洞。當然，同時也可能是一種頭痛，一劑虎狼之藥。

「朋友」在中文方塊字寫出來是兩彎相映的明月組合，講究一個肝膽相照，義字當先，可惜當今正在被一個「利」字侵蝕。有句話這樣說：「錢是大家賺的。」意思是朋友互掏錢包是正常之道。

你想想看，朋友間合夥開店，集資創業，有幾個不是虧則互相推諉，盈則見利忘義的？

一個眾人爭相下海淘金的時候，一個個體意識取代群體意識，存在意識取代管理意識，利益意識取代事業意識的年月，梁山伯之生死與共，有難同當，有福同享之遺風能不擱淺？

10. 義利分明，保持警惕

例如，有些時候，請朋友幫忙對你來說並不合適，幫你找租房的朋友也許在當房東；幫你籌備資金的朋友，也許要收你的高利貸；幫你介紹買賣的朋友，也許要狠狠收你一筆回扣。

朋友之情像橡皮筋一樣，有彈性，有迴旋之地，因此時常被一些暗藏禍心的人所利用，才使社會上出現了這樣令人心寒的局面：人心險惡，翻臉無情，利字當頭，見利忘義。

俗話說，親兄弟，明算帳。這句話之所以流傳多年，時至今日仍閃爍思想光芒，就因為一般人做不到這點。畢竟，在「義」與「利」的矛盾中，往往是理智的「利」讓位給感情的「義」。但是在實際的商戰中，以「義」代「利」不僅違背追求利潤的商界最高法則，也常常帶來事與願違的隱患。

當然，不要與朋友、熟人做生意，並非一條鐵律。但是初涉商海便抱著靠自己的膽子、朋友的人脈，一不小心就發了大財的想法卻是危險的。正確的是，既然置身商海，就應該嚴格遵循在商言商的原則來進行「遊戲」。

為人誠實，但是要講究限度，講究策略，不能盲目的「愚誠」。

一、誠信是處世的根本

11. 利他謊言也是真誠的表現

儘管謊言往往是欺騙的外衣，但是謊言與欺騙並非是同種概念。不從欺騙為目的的利他謊言，表現的正是我們的善良和真誠。

我們要記住一點，真誠的靈魂是利他，也就是與人為善。如果對別人來說，「謊話」更適宜和容易接受，又不會傷害任何人的利益，我們不妨放棄對「完全誠實」的固執；但是在任何時候，都絕不能為了個人利益而放棄誠實。那些經常為私利表現不誠實的人是不會獲得成功的。

幾乎每個人都喜歡聽好話，喜歡受到別人的讚揚。的確，工作很辛苦，能力雖然有大有小，畢竟是盡了自己的一份力量，當然希望自己的努力得到他人和社會的承認，這也是人之常情。會為人處事的人，即使覺得他做得不好，也不會直言相對。而那些忠直的人，此時也許要實話實說，這就讓人覺得你太過莽直，鋒芒畢露了。有鋒芒也有魄力，在特定的場合顯示一下自己的鋒芒，是很有必要的，但是如果太超過，不僅會刺傷別人，也會損傷自己。

真誠是既表達出我們的真實感受，又不傷害別人。下面這個故事就說明了這一點。

11. 利他謊言也是真誠的表現

一次，著名的德國作曲家約翰尼斯·布拉姆斯（Johannes Brahms）參加一個晚會。沒想到，晚會上他遭到一群厚臉皮的女人包圍，他邊禮貌地應付，邊想解脫的辦法。忽然他心生一計，點燃了支粗大的雪茄。很快，有幾個女人忍不住咳嗽起來，布拉姆斯照樣泰然地抽他的雪茄。

終於有人忍不住了，對布拉姆斯說：「先生，你不該在女人面前抽菸啊！」

「不，我想，有天使的地方不該沒有祥雲！」布拉姆斯微笑著回答。

布拉姆斯用不太真誠但是卻十分幽默的語言，使自己從無奈的糾纏中解脫了出來。

在生活中要做一個真誠的人不容易，一個處處為他人著想，絕不為個人利益放棄誠實的人，人人都會真誠接納他，願意和他交往。但是當「真誠」與他人的利益產生衝突時，善意地放棄一時的真誠，同樣是人性中美的展現。同樣會得到道德的肯定。所以要想給人留下好印象，最要緊的是「恰當地真誠」。

在某些場合中，巧妙以待，避其鋒芒是機靈幽默的表現，是一種必要的行為，如果鋒芒太露則難以達到理想的效應。

一、誠信是處世的根本

12. 誠實就是勇於承認錯誤

勇於承認自己的錯誤，並想辦法補救改正，是善待自己的最佳方法，它並不會使自己沒面子，反而會贏得別人的好感與尊重。

常言道，智者千慮，必有一失。人再聰明，都有犯錯的時候。

從客觀而言，犯錯並不可怕，可怕的是犯錯而不敢認錯，不知改錯。這樣勢必會陷入到危險的境地。

人犯了錯往往有兩種態度：一種是拒絕認帳；另一種是坦率地承認。

拒絕認帳的好處在於不為後果負責，就算要負責，也把相關的人都包括在內，誰也逃脫不了關係。這樣，能推就推，能躲就躲，保住了面子，又避免了損失，這是從表面上看。實際上，你既然已經犯了錯，拒絕認帳的結果是弊大於利。首先，你鑄成的大錯是盡人皆知的，你的抵賴只能讓人覺得你不負責任。

如果你犯的錯人證物證俱存，責任又逃避不了，你再抵賴也只是枉費心機。如果是雞毛蒜皮的小錯，那你就更不用頑固，頑固會造成你在同事心目中更壞的印象，真是得不償

12. 誠實就是勇於承認錯誤

失。你敢做不敢當的印象形成後，主管的頂頭上司不敢再用你。怕你有朝一日也拉自己下水，同事也不敢與你合作，怕你故技重施。而且你一旦拒絕認錯，形成習慣，那還談得上培養解決問題的能力嗎？—— 你認為自己「一貫正確」嘛！

坦率地承認錯誤，就有可能承擔責任，獨吞苦果。但是在絕大多數的情況下，別人都不會一棍子打死你的，既然你都認錯了，還要如何？況且認錯本身就是替上司分擔責任，主動取咎，上司再抓住你不放，顯然也有損他的形象。

坦率認錯的好處還在於，首要的是為自己樹立敢做敢當的形象。承擔責任，不推諉過失，上司放心，下屬尊敬，同事喜歡，認一個錯又有什麼大不了的呢？其次要勇敢地面對錯誤，今後才能避免錯誤，從而及時提高自己的水準和能力，錯誤成了上進的磨刀石。還有，你的坦率承認，雖然得到了上司的訓斥，你無形中處在受難者的地位，而眾人從心理上往往是同情受苦受難者的，你獲得的是人心。你既然捱了訓，上司再罰你，也不至於太狠。人畢竟都有同情心。

所以，人不怕犯錯，就怕犯了錯以後不認錯、不改錯。你坦率的承認，並想辦法補救，並在今後的工作中加以改進，誰都不得不承認你是一個不錯的人呢！

坦率地承認自己的錯誤，是善待自己的最佳方法，它有利於今後的改進，並會贏得他人的同情與諒解。

一、誠信是處世的根本

二、糊塗做人：半清醒半糊塗

二、糊塗做人：半清醒半糊塗

1. 糊塗是安身的法寶

　　人世間的人情冷暖是變化無常的，人生的道路是崎嶇不平的。因此，當你遇到困難走不通時，必須明白退一步的為人之道；當你在事業上一帆風順時，一定要有謙讓三分的胸襟和美德。

　　為人處世必須學會謙恭、禮讓，不能處處都想戰勝，不能事事都要露一手，難行的地方退一步或許會海闊天空。人生得意的時候，也應該把功勞讓與別人一些，不要居功自傲，不能得意忘形。何況人類的感情無比複雜，人心的變化也是奧妙無窮，今天認為是美的東西，明天就有可能認為是醜；今天認為是可愛的東西，明天就有可能是可恨。

　　所謂人情冷暖、世態炎涼，也就是「人情反覆，世路崎嶇」的道理。當年韓信微賤時曾深深體會到此中的辛酸。尤其世路多險阻，人生到處都有陷阱。這就要培養高度的謙讓美德，遇到行不通的事不要勉強去做。換句話說，人生之路有高有低，有曲折有平坦。當你遇到挫折時，必須鼓足勇氣繼續奮鬥；當你事業飛黃騰達時，不要忘記救助那些窮苦的人。因為這樣可以為你自己消除很多禍患於未然。這樣，知退一步之法，明讓三分之功，不僅是一種謙說美德，而且也

1. 糊塗是安身的法寶

是一種安身立命的善措。

所以糊塗是一門學問，糊塗則能保身、立身。老子的哲學包括「功成身退」的思想。他說：「持而盈之，不如其已；揣而銳之，不可長保。金玉滿堂，莫之能守；富貴而驕，自遺其咎；功遂身退，天之道也。」

這段話的含義是：過分自滿，不如適可而止；鋒芒太露，勢難保持長處；金玉滿堂，往往無法永遠擁有，富貴而驕奢，必定自取滅亡。而功成名就，激流勇退，將一切名利都拋開，這樣才合乎自然法則。

有人把明哲保身和但求無過連繫在一起，其實是不正確的。前者是一種積極而充滿智慧的處世方式，後者則是一種被動的消極之舉，二者乃是本質的區別。明哲保身的人可以像張良那樣急流勇退，從而保全自身；但求無過的人只能處處受別人的左右，不但喪失自己的個性，也不會獲得事業的成功。明哲保身是智慧人生，而但求無過則是愚蠢之極。

對於志士來講，頭可以斷，但是絕不能改變堅貞的節操。這是唐初一代名臣魏徵的心聲，也是其為政作風的寫照。在他看來，志士仁人的氣節是最為重要的，寧可捨其性命，也不能失去大節。所以，他勇於犯顏直諫，前後二百餘事，為「貞觀之治」立下了汗馬功勞。如魏徵上諫言阻止太宗停聘宮女，乃至太宗懼魏徵，玩放鷂鳥死在懷中等軼事，

二、糊塗做人：半清醒半糊塗

傳為千秋美談。「寧為玉碎，不為瓦全」，多少仁人志士正是這樣在糊塗中立身，糊塗而不失氣節。

中國古代的道家和儒家都主張「大智若愚」，而且要「守愚」。《論語‧為政》中講孔子的弟子顏回會「守愚」，深得其師的喜愛。他表面上唯唯諾諾，迷迷糊糊，其實他很用心，所以課後他總能把先生的教導清楚而有條理的講出來。可見若愚並非真愚，大智若愚的人給人的印象是：虛懷若谷，寬厚敦和，不露鋒芒，甚至有點木訥。其實在「若愚」的背後，隱含的是真正的大智慧大聰明。

現實人生確實有許多事不能太認真。特別涉及到人際關係，錯綜複雜，盤根錯節。太認真，越弄越複雜，越攪越亂。順其自然，裝一次糊塗，不喪失原則和人格；或為了大眾、為了長遠，哪怕暫時忍一忍，受點委屈也值得，心中有樹，就不是荒山。有時候，事情被逼到那個份上，就玩一次智慧，表面上讓他丈二金剛摸不著頭緒，也是「難得糊塗」。評比、晉級時，若有人向你面授機宜，討你個「民意」，你明知道他不夠格，但是又不好當面掃他的興，這時候你怎麼辦？不哼不哈，或嘻嘻哈哈，不失原則。人格哪，似乎也不失。當事人問到了，坦誠指出他不夠格的地方，不問就順其便。「難得糊塗」是既可免去不必要的人事糾紛，又能保持人格純淨的妙方。

1. 糊塗是安身的法寶

「難得糊塗」作為「牢騷氣」，原本就是緣由「不公平」而發的。世道不公，人事不公，待遇不公，要想剷除種種不公又不可能，或自己無能，那就只好祭起這面「糊塗主義」的旗幟，為自己遮蓋起心中的不平。假如能像濟公那樣任人說他瘋，笑他癲，而他本人則毫不介意，照樣酒肉穿腸過，「哪裡有不平哪有我」，專替窮苦人、弱者找公道，我行我素，自得其樂。這種癲狂，半醒半醉，亦醉亦醒，也不失為一種「糊塗」。這種糊塗真正是「參」透、「悟」透了。所以當你面對現實，要學笑容可掬的大肚彌勒佛，「笑天下可笑之人，容天下難容之事」，那就會進入一種超然的境界。

二、糊塗做人：半清醒半糊塗

2. 糊塗是至高境界

凡是磨練心性提高道德修養的人，必須有木石一樣堅定的意志，假如羨慕外界的榮華富貴，那就會被物欲困惑包圍；凡是一個治理國家、服務社會的人，必須有一種宛如行雲流水般的淡泊胸懷，假如有貪戀功名利祿的念頭，就會陷入危機四伏的險地。

孟子道：「養心莫善於寡欲：其為人也寡欲，雖有不存焉寡矣；其為人也多欲，雖有存焉寡矣。」佛典《大智度論》中也說：「哀哉眾生，常為五欲所惱，而求之不已。此五欲者，得之轉劇，如火炙疥。五欲無益，如狗咬炬。五欲增爭，如鳥競肉。五欲燒人，如逆風執炬。五欲害人，如踐惡蛇。五欲無實，如夢所得。五欲不久，如假借須臾。世人愚惑，貪著五欲，至死不捨，為之後世受無量苦。」面對難填的欲壑，我們應盡量享受已有的，這樣生活就會是真實的，富有美感的，一年三百六十日，日日太陽都是常新的。

欲望的滿足不是滿足，而是一種自我放逐，欲望會帶來更多更大的欲望。如果我們為欲望所左右，為欲望的不能滿足而受煎熬，那麼人生還有什麼滋味？

一般來說，事業和文章，都會隨著人的死亡而消失，只

2. 糊塗是至高境界

有偉大的精神才萬古不朽,至於功名利祿富貴榮華,都會隨著時代的變遷而轉換,忠臣義士的志節卻會永留人間。可見一個有理想的君子,絕不可貪利逐名,去換取可以隨身銷毀的東西。

「知足者常樂」,這是人們通常說服別人或說服自己,求得心理平衡的道理,也是糊塗修身的原則之一。《老子》也說:「知足之足,常足矣。」大則憂國憂民,感時憂憤;小則憂家憂己,往往都是憂多於喜,要說服別人或說服自己還就得這樣想,人往高處走,水往低處流,誰不想生活、工作條件好些,精神安逸些?想歸想,未必都能一一滿足,在各種理想、願望,甚至連小小的打算都未能成為現實的時候,你就要學會承認和接受現實,並且不頹喪、不失望,自己尋找心理平衡。在這裡比較法很管用,即和過去比,和自己比,而不要和高於自己、強於自己的他人比。比方你總覺得你的收穫不如付出多,那你就應該和付出比你更多,獲得比你還少的人比,這樣你心裡就舒服了,當自己的學業經歷長進不大時,你應該想想從前的你還沒有現在這麼有知識,進步雖不大,但是畢竟有了進步。

「知足常樂」多數情況不是指物質條件的獲得、物欲的滿足,不要無限制地追求那些不現實的,得不到的東西。正像盧梭(Rousseau)所說的那樣:「人啊,把你的生活限制於

二、糊塗做人：半清醒半糊塗

你的能力，你就不會再痛苦了。」一切理想都植根於現實這塊肥沃的土壤中。人不可物欲太強烈，有了星星，還想要月亮，有了月亮還想要太陽，乃至於恨不得把整個宇宙都抱在懷裡。不知足就必然貪心，人一貪心就容易生出許多惡行，不顧廉恥，甚至違法亂紀，貪汙受賄，巧取豪奪，最終不但挖了社會牆角，損害他人，也害了自己。「知足者常樂」這個原則在你憂愁煩惱之時，會讓你找到心理平衡，克服種種不切實際的欲望，特別是物欲。安於現狀，知足常樂，但是切莫對美好的生活失去信心。

「難得糊塗」，在對待個人功名利祿的問題上不失為一劑良藥。一個人一生的道路是很寬闊的，當官為民，有錢沒錢，其實都一樣可以活得有滋有味，各有各的活法。一切都隨時空的轉移、個人的條件為依據。功名利祿不必下力量去追求，官大五品，腹中空空，也是虛有官祿，「芝麻綠豆」一個。身懷絕技，照樣譽滿全球，悠哉快哉！

但是，人都是犯賤的，沒有追求就活得乏味，沒希望，還得要追求。功名利祿到手了，「七品」的還想要個「六品」，有了「六品」想「五品」，有了「五品」又在想「三品」。於是就得巴結，拚命地巴結，只在「品」級上巴結，結果人品是巴結一級少一品，到頭來累得精疲力竭。仔細品味品味，竟不知道人生是個什麼滋味，一輩子不曾享受過真人

2. 糊塗是至高境界

生,壓根也不懂得真人生,「活得真累」!假如在功名利祿之上,持「難得糊塗」的「糊塗主義」,一切順其自然,認認真真地做事,老老實實地做人,得則得,不能得不爭;當得沒得,不急不惱,不該得,得了,也不要,這才叫聰明人。活得輕鬆,悟得透澈。

二、糊塗做人：半清醒半糊塗

3. 淡泊名利，堅守初心

「淡泊明志，寧靜致遠」，見利讓利，見名讓名。這種態度常人認為你太糊塗，然而在其背後，自然是名利雙收，邁向更大的成功。

洪應明先生在《菜根譚》中這樣說：「能忍受吃粗茶淡飯的人，他們的操守多半都像冰一樣清純，玉一樣潔白，而講究穿華美衣服的人，他們多半都甘願做出卑躬屈膝的奴才面孔。因為一個人的志氣要在清心寡欲的狀態下才能表現出來，而一個人的節操都是在貪圖物質享受中喪失殆盡。」

大凡貪圖物質享受的人，其生活往往容易陷於靡爛，而精神生活空虛不堪，同時也不會有高尚的品德，因此他們為了能得到更高層次的享受，就不惜用任何手段去鑽營名利，甚至擺出一副卑躬屈膝的態度也在所不惜。為人處世，如果不本著「君子愛財取之有道」的原則而過分追求生活享受，不但會做出無恥的行徑，還會觸犯刑律，惹出滔天大禍。

西漢大臣霍去病，曾六次出擊匈奴，為漢朝打通了去往西域的道路。霍去病出身貧寒，自小過著奴僕的生活，但是沒有失去自己的志向。

西元前 123 年，漢武帝考慮到霍去病精於騎馬射箭，作

3. 淡泊名利,堅守初心

戰英武勇猛,於是下令,派大將軍衛青挑八百名精銳的騎兵歸在霍去病的帳下,讓其指揮出擊匈奴。霍去病在帶領騎兵作戰中出奇制勝,活捉了單于的叔父、相國及將軍多人,開戰告捷,大快人心。在以後的抗擊匈奴戰爭中又屢建奇功。漢武帝龍顏大悅,對霍去病加官晉爵,賞賜他高官厚祿。

這一年,漢武帝為霍去病建造了一座豪華的府邸,並帶著霍去病前去參觀,漢武帝滿以為霍去病會謝主隆恩。哪知,看著這些雕梁畫棟、富麗堂皇的深宅大院後,霍去病對皇上深深地一拜,說道:「多蒙皇上賜愛,匈奴一日不滅,去病心一日不安,又何來雅興享受榮華富貴,深居廣廈呢?還望皇上多多包涵。」說完翻身上馬,急急朝軍營奔去。漢武帝望著他遠去的背影,一股暖流湧上心頭。

二、糊塗做人：半清醒半糊塗

4. 順其自然，順應天道

師法自然，不要刻意追求，像風一樣無拘無束，保持自然的心境，心無定則。人如能與自然融合在一起，則會身心輕鬆。

在滾滾紅塵中，人們為了過得更好、更舒服、更愉快，也就是提高生活的品質而緊張奮鬥。什麼是好的生活品質？無非是衣食豐足無憂，無非是心情輕鬆自由。而人們往往在追逐這些的過程中放棄了自然心性，結果弄得心情憂鬱緊張，這反倒失去了追求的根本，就連出發點都失去了。

沒有被風吹起波浪的水面是自然平靜的，沒有被塵土遮蔽的鏡子自然是明亮的。所以人類的心靈根本無需刻意來清洗，只要除掉心中的邪念，那平靜明亮的心靈自然會出現，日常生活的樂趣，根本不必刻意去追求，只要排除內心的一切困苦和煩惱，那麼快樂、幸福的生活自然會呈現在你的面前。

心中停止一切陰謀詭詐之後，就會有明月清風到來一樣輕鬆舒暢之感，因為從此不再為人間的煩惱而痛苦，思想遠遠超脫世俗之外，自然不會聽到外面的車馬喧鬧之聲，就不一定非要過隱逸山野泉邊的隱居生活。此意與後面「為而不

4. 順其自然，順應天道

爭」有共同之處，道法自然也並非要人們脫離塵世。脫離塵世其實是消極的人生態度。

在塵世中，我們可以設想這樣的境界——

在雪花飄落的月夜，天地間一片銀色世界，這時人的心情也會隨著清朗明澈，在和風徐徐吹拂萬物，一片生機的春季，這時人的情緒自然也會得到適當的調劑，可見大自然和人的心靈是渾然一體，互相融合的。

宇宙萬物蘊含著勃勃生機，天人合一，氣息同步，則能天長地久，萬事亨通。孟子說：「環境改變氣度，奉養改變氣質。」意思是說：人們修身養性，不可能脫離周圍的環境。尤其就常人而言，如果面對月黑殺人夜，如果面對生死離別場，能要求自己像老僧入定般用意念來控制自己嗎？所以自古騷人墨客，歌頌春而厭惡秋，因為春天一片生機，而秋天一片蕭瑟，人們歡迎萬物的生長，原因在於人們在蕭瑟淒涼中難以感受人間的溫暖。

同樣，人們歌頌白雪而厭惡炎夏，雪是冬天的產物，其性寒而色白，喻人的純潔的性格像雪一樣，也像冷天一樣堅硬而安寧，因此古人才有「梅須遜雪三分白」的詩句。梅對於文人是寵物，但是比雪之純潔又輸三分，這實際上是表達出人的一種願望，用大自然的變化來喻人的性格，人的節操，這一點人與自然是相融合的。禾苗的茁壯，全賴雨露的

二、糊塗做人：半清醒半糊塗

滋養；江海的不竭，全靠細流的匯聚。同樣的道理，人的本性也會憑人自身的保護與保全。但是這裡有一說：「智者凋心不凋身，愚者凋身不凋心。」

范仲淹登岳陽樓而吟誦：「至若春和景明，波瀾不驚，上下天光，一碧萬頃。」此時此景，他的心能如止水般平靜嗎？永和九年，有王羲之、謝安等參加那一次的「君賢畢至，少長咸集」的聚會，四十多個文人在天朗氣清、惠風和暢的春天，在崇山峻嶺、茂林修竹的環抱中，列坐在清流急湍的溪水旁，一觴一詠，飲酒賦詩，大家各呈才藻，競展風華，自然景物之美與人的才華之美結合在一起，互相輝映，成為永遠令人艷羨不已的雅事。讀書人、文人從事的是清苦寂寞的事業，只有能甘於清苦、寂寞的人，才能享受其中的樂趣，那一種心中有得、精神充實、師友相聚、文采風流的快樂，的確是很高境界的快樂！

5. 不驕不躁，低調處世

「夾著尾巴做人」，似乎有些世故圓滑。但是處世過於矯情做作，過於自傲，肯定難得到他人的信任和幫助。所以，還是將尾巴夾起來好。

在目前流行的語言是「包裝」，就是把自我宣傳好，把其缺點掩飾起來，把其優點放大。在一個流於社交應酬，盛行宣傳、廣告、包裝的商品時代，「笨人」無疑是可笑的。但是實際上人際關係最根本在真誠，無論交際的技巧如何老練，若無善心，過於工於心計，其處世不會久長，交友不會長久。

宋儒呂本中在《童蒙訓》中說：「每事無不端正，則心自正焉。」有了誠心方能辦誠事。交友、處世首先不是一個技巧問題，而是一個誠心問題。所以他認為「凡人為事須是由衷方可，若矯飾為之恐不免。有變時任誠而已，雖時有失，亦不覆藏使人不知，但改之而已。」這就是說處人待事千萬不要虛情假意，矯揉造作，意不由衷，口是心非。

在今天首先要學「笨」些，而不是學「精」，就是說多保持一些誠實的東西，少來些虛假的東西，按此法其必有大成就。若順應商業化社會那種只重交際技巧，矯揉造作的方向

二、糊塗做人：半清醒半糊塗

發展，不會有大作為，充其量只能當個公關部主任。

人生處世要放長遠眼光，大智若愚。曾國藩給其弟的信就說明了這一點：

「弟來信自認為屬於忠厚老實一類人，我也相信自己是老實人。但是只因為世事滄桑看得多了，飽經世故，有時也多少用一點機巧詐變，使自己變壞了。實際上因這些機巧詐變之術，總不如人家得心應手，徒然讓人笑話。使人懷恨，有什麼好處呢？這幾天靜思猛省，不如一心向平實處努力，讓自己忠厚老實的本質還我以真實的一面，回復我的本性。賢弟此刻在外，也要儘早回復忠厚老實的本性，千萬不要走入機巧詐變那條路，那會越走越卑下。即使別人以巧詐待我，我仍舊以純樸厚實待他，以真誠耿直待他，久而久之，人家有意見也會消解。如一味勾心鬥角，互不相讓，那麼，冤冤相報就不會有終止的時候了。」

曾國藩是最反對人傲氣的，他的家書中，指出傲氣是人生一大禍害，切要根除，他說：古來談到因惡德壞事的大致有兩條：一是恃才傲物，二是多言。

在另一封信中他又講到這個問題，告誡其弟一定要戒牢騷。信上大意說：

「在幾個弟弟中，溫弟天資本是最好的，只是牢騷太多，性情太懶。以前在京城就不愛讀書，又不愛作文，當時

5. 不驕不躁，低調處世

我就很擔心這一點。最近聽說回家以後，還是像過去那樣牢騷滿腹，有時幾個月不提筆作文。我們家如果沒有人一個一個相繼做出大的成就，其他幾個弟弟還可以不過分追求責任，溫弟就實在是自暴自棄，不應把責任完全推託給命運。

我曾見過我的朋友中那些愛發牢騷的人，以後一定有很多的挫折。……這是因為無故而埋怨上天，上天就不會給他好運；無故而埋怨別人，別人也絕不會心服。因果報應的道理。自然隨之應驗。溫弟現在的處境，是讀書人中最順暢的境地，卻動不動就牢騷滿腹，怨天尤人，一百個不如願，實在叫我不可理解。以後一定要努力戒除這個毛病，……只要遇到想發牢騷的時候，就反躬自問：『我是不是真有什麼毛病，以致心中這樣不平靜？』不狠心自我反省，不決心戒除不足。心平氣和謙虛恭謹，不只是可以早得功名，而且始終保持這種平和的心境，還可以消災減病。」

盛氣凌人也罷，牢騷太盛也罷，都是自傲的一種表現。自傲是人生一大失誤。做人自謙，從個人來說這是最老實的態度，世界之大，無奇不有，個人無論如何神通，也不過宇宙間一粒塵埃而已。更何況山外青山，樓外樓。水準高的人多的是，只是你未看見而已。從外人來說，自謙也是最實際的。夾著尾巴做人不是虛偽而是誠心。朱熹在寫信給其長子說：「凡事謙恭，不得盛氣凌人，自取恥辱。」這就是說自

057

二、糊塗做人：半清醒半糊塗

謙招福，自傲招害。《三國演義》中馬謖，紙上演兵，盛氣凌人，結果兵敗人亡。所以《顏氏家訓》中說：「滿招損，謙受益。」真是為人之真言。

所以，為人處世，尾巴不要翹得太高，而是應永遠放下來，夾起來。這樣做似乎軟弱了些，一時還會讓小人得志，其實笑到最後的一定是你。真正聰明的人處世的高明之處，正在於著眼於大處、著眼於長遠。

6. 大事認真，小事糊塗

　　真正高明之人，並非時時處處都工於心計，他們看問題能抓住主要環節，對主要環節能全力以赴，精明待之；而對於無關宏旨的次要環節，則又能糊塗為之。

　　晉代人裴遐在東平將軍周馥的家裡做客。周馥做主人，裴遐和人下圍棋。周馥的司馬勸酒，裴遐正玩在興頭上，所以遞過來的酒沒有及時喝。司馬很生氣，以為輕慢了他，就順手拖了裴遐一下，結果把裴遐拖倒在地。在旁邊的人都嚇了一跳，以為這種難堪是難以忍受的。誰知裴遐慢慢爬起來，坐到座位上，舉止不變，表情安詳，若無其事地繼續下棋。王衍後來問裴遐，當時為什麼表情沒有什麼改變，裴遐回答說：「僅僅是因為我當時很糊塗。」

　　另一個晉代人謝萬，字萬石，是謝安的弟弟。曾經和蔡系爭一個座位，蔡系把謝萬從位子上推了下去，把帽子和頭巾都弄得快要掉了。謝萬慢慢站起來，拍拍衣服，一邊說：「你差點弄傷我的臉。」蔡系說：「本來就沒有考慮到你的臉。」後來兩人都沒有把這件事掛在心上，當時人們都稱讚他們。

　　這些都是歷史上有名的裝糊塗的故事，受侮受損的一方都沒有為自己的難堪而大發其怒，記恨在心。相反，都表現

二、糊塗做人：半清醒半糊塗

出了寬宏大量，毫不計較的美德和風度。結果不僅沒有受到更多的傷害，反而得到了大家的敬重，也使傷人者感到無地自容。

人一生不應對什麼事都斤斤計較，該糊塗時糊塗，不計較、糊塗處置的是一些不關大局的小事情；但是卻不是沒有原則。對重要問題，原則問題，就不能糊塗，該聰明時就得聰明。有句俗語「呂端大事不糊塗」，說的正是小事裝糊塗，不耍小聰明，而在關鍵時刻，才表現出大智大謀。古代這樣的大智若愚者是很多的。

宋代宰相韓琦以品性端莊著稱，遵循著得饒人處且饒人的生活準則，從來不曾因為有膽量而被人稱許過，可是在下面兩件事上的神通廣大，實在是沒有第二個人，這才是「真人不露相」的注腳。誰會防範這樣的老好人呢？

當宋英宗剛死的時候，朝臣急忙召太子進宮，太子還沒到，英宗的手又動了一下，宰相曾公亮嚇了一跳，急忙告訴宰相韓琦，想停下來不再去召太子進宮。韓琦拒絕說：「先帝要是再活過來，就是一位太上皇。」韓琦趕緊催促人們召太子，從而避免了權力之爭。

擔任入內的都知任守忠這個人很奸邪，反覆無常，祕密探聽東西宮的情況，離間皇帝和太后。有一天韓琦出了一道空頭敕書，參政歐陽修已經簽了字，參政趙概感到很為難，

6. 大事認真，小事糊塗

不知怎麼辦才好，歐陽修說：「只要寫出來，韓公一定有自己的說法。」韓琦坐在政事堂，未經中書省而直接下達文書，傳來任守忠，讓他站在庭中，指責他說：「你的罪過應當判死刑，現在貶官為蘄州團練副使，由蘄州安置。」韓琦拿出了空頭敕書填寫上，派使臣當天就押走任守忠。

要是換上另外愛耍弄權術的人，任守忠會輕易就範嗎？顯然不會，因為他也相信一貫誠實的韓琦的說法，不會懷疑其中有詐。這樣，韓琦輕易除去了蠹蟲，而仍然不失忠厚。

大智若愚，即小事愚，大事明。這是一種很高的修養。愚，並非自我欺騙或自我麻醉，而是有意糊塗。由聰明而轉糊塗，由糊塗而轉聰明，則必左右逢源，不為煩惱所擾，不為人事所累，這樣人生一定幸福、快樂。

二、糊塗做人：半清醒半糊塗

7. 藏鋒露拙，示弱而非示強

誇耀刀劍之銳利，別人必懼其銳利而遠避，或盡可能使刀劍變成鋸條；顯示自己的聰明，別人必恐你的聰明來害人，並希望你變成傻子。

高明的人待人處世，特別注意藏鋒露拙，匿銳示弱。

這裡所說要藏鋒露拙，匿銳示弱，並非是要人埋沒自己的才能，而是為了保護自己，不導致禍端，從而更好地發揮自己的才能和專長。追求卓越和超凡出眾，本身是一種正向的人生態度。但是一味孤芳自賞，無視周圍環境，就會與人格格不入，招人厭惡，千方百計讓你過不去。

戰國末期韓國貴族韓非（約前286～前233年）與吳起、商鞅的政治思想一致，著書立說，鼓吹社會變革。他的著作流傳到秦國，被秦王嬴政（即後來的秦始皇）看到，極為讚賞，設法邀請他到秦國。但是才高招忌，入秦後，還未受到重用，就被李斯等人誣陷，屈死獄中。宏圖未展身先死，這樣縱使有滿腹經綸又有何用。如果韓非不是招搖才華，而是謙卑抱樸，等待時機，或另待明主，或婉轉上奏，使自己的政治抱負得以施展，相信他並非僅僅是一個思想家，同時又會成為一代名臣，而不會是一個悲劇人物。

7. 藏鋒露拙，示弱而非示強

有成語曰「鋒芒畢露」。鋒芒本是刀劍的尖端，它比喻顯露出來的才能。古人認為，一個人若無鋒芒，那就是提不起來，所以有鋒芒是好事，是事業成功的基礎，在適當的場合顯露一下，既有必要，也是應當。

然而，鋒芒可以刺傷別人，也會刺傷自己，運用起來應小心翼翼，平時應插在劍鞘中。所謂物極必反，過分外露自己的才華只會導致自己的失敗。尤其是做大事業的人，鋒芒畢露既不能達到事業成功的目的，又失去了身家性命。

所以，有才華的人應該隱而不露，該裝糊塗時一定要裝糊塗，待機而行動。

杜祁公有一個學生做縣官，祁公告誡他說：「你的才華和學問，當一個縣官是不夠你施展作為的。但是你一定要積存隱蔽，不能露出鋒芒，要以中庸之道治理縣政，求得和諧安定，不這樣的話，對做事沒有好處，只會招惹禍端。」他的學生說：「你一生因為正直忠信被天下尊重，為什麼現在卻教我這些呢？」杜祁公說：「我為官多年，做了許多職位，對上被皇帝知道，對下又被朝廷的官員相信，所以能抒發志向，現在你當縣令，什麼事情都會發生，牽涉到上下官吏，那縣令可不是好當的，如果你不被別人了解，你怎麼能施展你的抱負呢？只會惹來災禍罷了。這就是我要告訴你不方不圓，在中庸之道中求得和諧的這些話的原因啊！」

二、糊塗做人：半清醒半糊塗

洪應明的《菜根譚》：「矜名不若逃名趣，練事何如省事閒。」

這句話的意思是說：一個喜歡誇耀自己名聲的人，倒不如避諱自己的名聲顯得更高明；一個潛心研究事物的人，倒不如什麼也不做來得更安閒。這正是「隱者高明，省事平安」之謂。

自古就有「良賈深藏若虛，君子盛德容貌若愚」，意思就是人的才華不可外露，必深明韜光養晦之道，才不會招致世俗小人的嫉恨，而使你的事業一帆風順地發展下去。

8. 謹慎立足，避免招惹風波

高明之人，他們能夠防患於未然，不招風，不惹雨，使自己在錯綜複雜的社會裡安身立命，善始善終。

古往今來，有不少智者、仁人，因為其才能出眾，技藝超群，行為脫俗，招來別人的嫉妒、誣陷，甚至丟了性命。於是，避招風雨就成為一些高明的智者仁人從實踐中總結出來的，一種處世安身的應變策略。

三國時期，曹操的著名謀士荀攸，智慧超人，謀略過人，他輔佐曹操征張繡、擒呂布、戰袁紹、定烏桓，為曹氏集團統一北方、建立功業，做出了重要的貢獻。他在朝 20 餘年，能夠從容自如地處理政治漩渦中上下左右的複雜關係，在極其殘酷的人事傾軋中，始終地位穩定，立於不敗之地，就在於他能謹以安身，避招風雨。

曹操有一段話形象而又精闢地反映了荀攸的這個特別的謀略：「公達外愚內智，外怯內勇，外弱內強，不伐善，無施勞，智可及，愚不可及，雖顏子、寧武不能過也。」可見荀攸平時十分注意周圍的環境，對內對外，對敵對己，迥然不同。參與軍機，他智慧過人，連出妙策；迎戰敵軍，他奮勇當先，不屈不撓。但是對曹操、對同僚，卻不爭高下，表

二、糊塗做人：半清醒半糊塗

現得總是很謙卑、文弱、愚鈍、怯懦。

有一次，他的姑表兄弟辛韜曾問及他當年為曹操謀取袁紹冀州的情況，他卻極力否認自己的謀略貢獻，說自己什麼也沒有做。他為曹操「前後凡畫奇策十二」，史家稱讚他是「張良、陳平第二」，但是他本人對自己的卓著功勳卻是守口如瓶，諱莫如深，從不對他人說起。他與曹操相處20年，關係融洽，深受寵信，從來不見有人到曹操處進讒言加害於他，也沒有一處得罪過曹操，使曹操不悅。建安十九年（214年），荀攸在從征途中善終而死，曹操知道後痛哭流涕，說：「孤與荀公達周遊二十餘年，無毫毛可非者。」並讚譽他為謙虛的君子和完美的賢人。這都是荀攸避招風雨，精於應變的結果。

清王朝的開國元勳范文程，在清初複雜而動盪的時期，先後輔佐努爾哈赤、皇太極、多爾袞、福臨三朝四個統治者，在清初政治舞臺上活動了50年，對國家的統一做出了重要貢獻。他運用避招風雨的方略處世安身，獲得了極高的讚譽。

范文程所活動的那個時期，民族矛盾異常複雜尖銳。在後金和清統治階層，一直存在著對漢人的疑忌和歧視。范文程身為漢人，又是大臣，在這種微妙環境裡，處境自然十分險峻。一方面，他要忠於清廷，建功立業；另一方面，他又

8. 謹慎立足，避免招惹風波

要小心謹慎，在內部權力傾軋中保住自己。因此，他雖然得清朝最高統治者的賞識，官至大學士、太傅兼太子太師，但是他仍為人謙讓，處處小心。順治九年（1652年），他受命「監修太宗實錄」時，知道自己一生所進奏章多關係到重大的決策問題，為免得「功高震主」，便把他草擬的奏章大部焚燒不留，而在實錄中所記下的，不足十分之一。功成引退後，他「闢東皋為別業，稍構亭館，植卉木，引親故，徜徉其中，時以詩書騎射課子弟，性廉慎好施與。」平平安安地度過了晚年。

避招風雨的應變策略，初看起來好像比較消極。其實，它並不是委曲求全、窩囊做人，而是透過少惹是非、少生麻煩的方式，更好地展現自己的才華，發揮自己的特長。

二、糊塗做人：半清醒半糊塗

9. 居安思危，凡事要留餘地

高明才智之士，能上能下，能屈能伸，能進能退。達則兼善天下，窮則獨善其身。要做到這一點，做事就要留有餘地，預留退步。

「功成身退」是一種退守策略，是指一個人能把握住機會，獲得一定成功後名利已有，留有餘地，見好就收。

老子的知足哲學就包括「功成身退」的思想。這位智者認為，過分自滿，不如適可而止；鋒芒太露，勢難保長久；金玉滿堂，往往無法永遠擁有；富貴而驕奢，必定自取滅亡。而功成名就，激流勇退，將一切名利都拋開，這樣才合乎自然法則。因為無論名或利，在達到頂峰之後，都會走向其反面。

一往無前、義無反顧、破釜沉舟、置之死地，不得已用於一時一事則可；而不分場合地用於一生一世，則非智者所為。

所謂預留退步，又有兩重意義：一重意義是為個人的安危榮辱，避免兔死狗烹的結局，功成身退，掛冠歸去，蹈入山林，就像范蠡泛舟五湖，張良棄人間事從赤松子遊那樣；另一重意義是為事業成敗，使你的上司能用人不疑，放手專

9. 居安思危，凡事要留餘地

任，而不勇於臨敵變計，臨陣易將，以免功敗垂成。

高明的人總是承認事物總有看不透、不可料的一面。事實上，世事詭譎，風波乍起，非人所盡能目睹，所以主張立身唯謹，避嫌疑，遠禍端，凡事預留退路，不思進，先思退。滿則自損，貴則自抑，所以能善保其身。

唐朝郭子儀平定安史之亂的事蹟已為人所熟知，但是很少人知道，這位功極一時的大將，為人處世卻極為小心謹慎，與他在千軍萬馬中叱吒風雲、指揮若定的風格全然不同。

唐肅宗上元二年（761年），郭子儀進封汾陽郡王，住進了位於長安親仁里的金碧輝煌的王府。令人不解的是，堂堂汾陽王府每天總是門戶大開，任人出入，不聞不問，與別處官宅門禁森嚴的情況判然有別。客人來訪，郭子儀無所忌諱地請他們進入內室，並且命姬妾侍候。有一次，某將軍離京赴職，前來王府辭行，看見他的夫人和愛女正在梳妝，差使郭子儀遞這拿那，竟與使喚僕人沒有兩樣。兒子們覺得身為王爺，這樣子總是不太好，一齊來勸諫父親以後分個內外，以免讓人恥笑。

郭子儀笑著說：「你們根本不知道我的用意，我的馬吃公家草料的有百匹，我的部屬、僕人吃公家糧食的有千人。現在我可以說是位極人臣，受盡恩寵了。但是，誰能保證沒

二、糊塗做人：半清醒半糊塗

人正在暗中算計我們呢？如果我一向修築高牆，關閉門戶，和朝廷內外不相往來，假如有人與我結下怨仇，誣陷我懷有二心，我就百口莫辯了。現在我大開府門，無所隱私，不使流言蜚語有滋生的餘地，就是有人想用讒言詆毀我，也找不到什麼藉口了。」

幾個兒子聽了這一席話，都拜倒在地，對父親的深謀遠慮深感佩服。

中國歷史上有大功於朝廷的文臣武將，多數的下場都不好。郭子儀歷經玄宗、肅宗、代宗、德宗數朝，身居要職60年，雖然也幾經沉浮，但是總算保全了自己，以80多歲的高齡壽終正寢，為幾十年戎馬生涯劃上完美句號。這不能不歸之於他的這種「居安思危，留有餘地」的謹慎。

10. 表面糊塗，內心清醒

真醉和裝醉是完全不同的兩種情況，玩「醉拳」的，是「形醉而神不醉」，「醉」是「醉」在「虛」處，是迷惑對手，而「拳」卻擊在「實」處，招招乃致命殺手。

《紅樓夢》中的薛寶釵，其待人接物極有講究，且善於從小事做起：元春省親與眾人共敘同樂之時，製一燈謎，令寶玉及眾裙釵粉黛們去猜。黛玉、湘雲一干人等一猜就中，眉宇之間甚為不屑，而寶釵對這「並無甚新奇」、「一見就猜著」的謎語，卻「口中少不了稱讚，只說難猜，故意尋思」。有專家們一語破「的」：此謂之「裝愚守拙」，因其頗合賈府當權者「女子無才便是德」之訓，實為「好風憑藉力，送我上青雲」之高招。

「醉拳」之厲害，在於一個「裝醉」，表面上看來跌跌撞撞，偏偏倒倒，踉踉蹌蹌，不堪一推，而其實呢，醉醺醺之中卻殺機暗藏，就在你麻痺大意之時，卻捱上了「醉鬼」的狠招。

愚者和裝愚者是迥然相異的兩種人。裝愚的，是「外愚而內不愚」，「愚」是「愚」在皮毛小事，不涉寵旨，無關大局，而「精」卻「精」在節骨眼上，事關一生命運。蔣門神遭

二、糊塗做人：半清醒半糊塗

武二郎一頓狠揍而退出霸占的快活林，最終死於二郎刀下，喋血鴛鴦樓，自是惡貫滿盈，令人痛快之至；而林黛玉焚稿斷痴情，薛寶釵出閨成大禮，卻令人有一種說不出的味道。

裝醉打拳乃格鬥上乘技法，裝瘋賣傻是人情操縱的一流功夫。那些能夠使他人「買」下自己傻氣的人，正是人生中「最偉大的業務員」。他們的成功自古至今皆無例外。

在政治風雲中，有時當危險要落到自己頭上時，透過裝傻，還可以達到逃避危難、保全自身的目的。

西元239年，魏少帝曹芳被曹爽控制，架空了司馬懿的兵權。司馬懿雖然甚為不滿，但是一時又無能為力。為了免遭曹爽的再度加害，同時也為了隱蔽自己，以待時機，司馬懿告病居家，不問朝政。

一日，曹爽派心腹李勝去探視司馬懿，以查虛實。司馬懿也知道曹爽的用意，因此，當李勝來到時，只見司馬懿躺在床上，兩個侍女正在餵他喝粥，米粥灑滿了前胸。李勝與他說話時，司馬懿故意做出氣喘吁吁的樣子，話也聽不明白，說也說不清楚。李勝回去後，詳細報告給曹爽，並說：「司馬公不過是尚有餘氣的屍體而已，形神已離，大人不必再對他有何顧慮了。」曹爽最感棘手的就是司馬懿，聽到他不會久留於人世，心中無比高興和放心，在朝中更加肆無忌憚了。

10. 表面糊塗，內心清醒

　　司馬懿則加緊祕密組織力量。成功地打了一次「醉拳」。西元 249 年正月，魏少帝曹芳拜謁高平陵，曹爽兄弟及其親信皆隨同前往，司馬懿乘機發動兵變，廢免了曹爽兄弟，不久將其全部處死。

二、糊塗做人：半清醒半糊塗

11. 糊塗之人，心安理得

　　如果沒有做什麼有愧於人的事，那麼對於上天也沒有什麼可怕的。糊塗之人，不愧於人，不畏於天。

　　曾有一位哲人這樣說道：「盲人的眼睛雖然看不見，卻很少受傷，反倒是眼睛好好的人，動不動就跌倒或撞倒東西。這都是自恃眼睛看得見而疏忽大意所致。盲人走路都非常小心，一步步摸索著前進，腳步穩重，精神貫注，像這麼穩重的走路方式，明眼人是做不到的。人的一生中，若不希望莫名其妙地受傷或挫敗，那麼，盲人走路的方式就頗值得引為借鑑。前途莫測，大家最好還是不要太莽撞才好。」

　　這位哲人的名言，其主要目的是要求我們凡事三思而後行，謹言慎行。人生前程「如臨深淵，如履薄冰」，我們就應該慎重選擇自己的腳步，堂堂正正，光明正大的為人處世，朝著既定的目標行進，自然會有所作為。

　　道元和尚認為：一個人只有首先樹立了正確的見識，一要從思想上培養，二要從實踐上開始。那麼，怎樣才稱得上有見識呢？我們又以怎樣的標準去評判它呢？其實，我們只需看他追求名利的動機與結果就足夠了。

11. 糊塗之人，心安理得

　　當然，任何追求都帶有目的性，而追求功利又無可非議，重要的是，這種功利是為個人謀私利還是為社會謀福利。前者人人唾棄，後者受人景仰。

　　修行佛道，需要的是從實踐開始，也就是身體力行。

二、糊塗做人：半清醒半糊塗

12. 做老實人，莫被聰明反誤

《孟子・盡心章句下》中說：只有點小聰明而不知道君子之道，那就足以傷害自身。盆成括做了官，孟子斷言他的死期到了。盆成括果然被殺了。孟子的學生問孟子如何知道盆成括必死無疑，孟子說：盆成括這個人有點小聰明，但是卻不懂得君子的大道。這樣，小聰明也就只足以傷害他自身了。小聰明不能稱為智，充其量只是知道一些小道末技。小道末技可以讓人逞一時之能，但是最終會禍及自身。

《紅樓夢》中的王熙鳳，機關算盡太聰明，反誤了性命，聰明反被聰明誤就是這個意思。只有大智才能使人伸展自如，只有大智才是人生的依憑。

「古今得禍，精明人十居其九。」楊修恃才放曠，最終招致殺身之禍。他的才華，在大智者看來，其實只是小聰明。大智者雖心裡明白而不隨便表露出來，絕不是表現比別人聰明。如果楊修知道他的聰明會帶給他災禍，他還會耍小聰明嗎？所以他的愚蠢處就在於，他不知道自己的聰明一定會招來災禍。這樣的人是聰明嗎？顯然不是。多年中，他被提拔得很慢，顯然是曹操不喜歡他的緣故，他沒有意識到這件事。

12. 做老實人，莫被聰明反誤

曹操對他厭惡，疑心越來越深，他也沒有意識到，這就是說，該聰明的時候他反倒真糊塗起來了。如果他能迎合曹操，不表現他的聰明，或適時適地適量地表現才能，那麼他很可能會成功。人們也許會說，楊修之死，關鍵在於曹操的聰明和他的多疑。但是換了誰，一個上司能願意讓部下全部知道他的心思、他的用意呢？顯然楊修最終非失敗不可。這可算是「聰明反被聰明誤」的典型。

羅貫中說他「身死因才誤，非關欲退兵」，也只是說對了一半。他的才華太外露了，從謀略來看，尚不是真才，不是大才，那麼除了災禍降臨，他還會有什麼結果？曹操何等聰明之人，在他跟前，笨蛋當然不會受重用，才能太露又有「才高蓋主」之嫌，所以真正聰明的人會掌握「度」，過猶不及，就是說，太聰明反倒不如不聰明，實在是至理名言啊！

明代大政治家呂坤以他豐富的閱歷和對歷史人生的深刻洞察，寫出了《吟呻語》這本千古處世奇書。書中說了一段十分精闢的話：「精明也要十分，只須藏在渾厚裡作用。古今得禍，精明者十居其九，未有渾厚而得禍者。今之人唯恐精明不至，乃所以為愚也。」

這就是說，聰明是一筆財富，關鍵在於使用。財富可以使人過得很好，也可以毀掉人。凡事總有兩面，好的和壞的，有利的和不利的。真正聰明的人會使用自己的聰明，那

二、糊塗做人：半清醒半糊塗

主要是深藏不露，或者不到刀刃上，不到火候時不要輕易使用，一定要貌似渾厚，讓人家不眼紅你。一味耍小聰明，其實是笨蛋。因為那往往是招災惹禍的根源。無論是從政，是經商，是做學問，還是治家務農，都不能耍小聰明。

提起《紅樓夢》，說到王熙鳳，人們一面驚嘆於她無與倫比的治家才能，她應付各色人等的技巧，但是人們更為熟悉的是她的結局。她算是文學作品中「聰明反被聰明誤」的典型了。王熙鳳的判詞是這樣的：「機關算盡太聰明，反送了卿卿性命。」

西方有這樣一種說法，法國人的聰明藏在內，西班牙人的聰明露在外。前者是真聰明，後者則是假聰明。培根（Bacon）認為，不論這兩國人是否真的如此，但是這兩種情況是值得深思的。他指出「生活中有許多人徒然具有一副聰明的外貌，卻並沒有聰明的實質 —— 小聰明，大糊塗，冷眼看看這種人怎樣機關算盡，辦出一件件蠢事，簡直是令人好笑的。

例如有的人似乎是那樣善於保密，而保密的原因，其實只是因為他們不在陰暗處就拿不出手，這種假聰明的人為了騙取有才能的虛名，簡直比破落子弟設法維持面子的詭計還多。但是這種人，在任何事業上也是言過其實，不可大用的。因為沒有比這種假聰明更誤大事的了。」

12. 做老實人，莫被聰明反誤

　　道理就是這麼簡單，卻又深奧無比。一個不知道「激流勇退」的人實在是一個傻瓜，一個機關算盡的人最終會被算到自己頭上。俗語云：「搬起石頭砸自己的腳」，正好是「聰明反被聰明誤」的絕好寫照。

二、糊塗做人：半清醒半糊塗

13. 做老實事，莫被利益迷惑

漢字是世界上最奇妙的文字，先民造字時一定下了許多功夫。「忍」字心上一把刀，就不用說了。這「利」字的一邊竟也配了一把刀呢，一頭鑽進去的貪心者，其實正是撞在了刀刃上。

《聊齋志異》中曾借〈聶小倩〉這個故事形象地說明了這個道理。聶小倩是一個被妖物脅迫的女鬼，以財色惑人、害人。她勾引一位叫做寧采臣的讀書人，先用美色引誘，寧采臣不為所動，於是她又捧來一錠黃金。不料寧采臣一把抓起，把它扔出了屋外，昂然地說：「這等不義之財，拿了玷汙我的錢袋！」女鬼隨即說這不是真金，乃是羅剎鬼骨，如果拿了它，能擷取人的心肝。世上不義之財、不仁之貴的持有者，哪一個不懷「羅剎鬼骨」的恐怖？哪一個不是戰戰兢兢、如履薄冰？所以古人說：「心裡沒有虧心事，夜半敲門心不驚！」

佛祖告誡世人說：「財色之取，譬如小兒貪刀刃之飴，甜不足一食之羹，然有截舌之患也。」任何一種宗教都有戒律，每一種戒律裡都有關於財、色之戒！這種不謀而合難道是偶然的嗎？那些爭名奪利的人不該當頭棒喝嗎？

13. 做老實事，莫被利益迷惑

我們的社會歷來提倡「不貪為寶」的品德，主張安貧樂道，主張知足常樂。這是一種達觀的生活態度。現代人往往以「吃飽的人不說餓」這種邏輯糟蹋古人，其實並不理解智者仁者的情懷。這是一種精神，而並非真的貧窮或富貴。你擁有家資百萬，可還有家資千萬的呢；你擁有家資千萬，可還有既家資雄厚，又位在高官的呢，還有皇帝呢。那麼，安於本分，安於擁有，便是知足常樂了。

春秋時宋國有個賢人子罕，官至輔政。有人拿了一塊碩大明潔的美玉獻給他，可是子罕不接受。獻玉者問他：「你為什麼不要這塊玉呢？這是件玉匠鑑定過的寶物，價值連城啊！」子罕聽了回答說：「我以不貪為寶，而你以玉為寶，我們應該各握其寶。請你把玉拿走吧。」

子罕拒絕誘惑，以不貪為立世持身的「寶」，這種人生將是自信自立自足自尊自愛的，是不會為功名所累的。

二、糊塗做人：半清醒半糊塗

14. 處變不驚，遇事不慌

先哲道：「覺人之詐不形於言，受人之侮不動於色，此中有無窮意味，亦有無窮受用。」此話說得是何等精闢！當我們發覺被人家欺騙時，不要立刻說出來，當我們遭受人家欺侮時，也不要立刻怒容滿面。因為一個人能夠有不動聲色、吃虧忍辱的胸襟，在人生旅途中，自然會覺得有無窮意義和妙處，而且對自己的前途事業也會大有裨益，一生受用不盡。

虞舜是一位難得的孝子，可惜他的獨眼老子不是個慈父。他和小兒子象幾次想害死舜，可機智聰慧的舜都化險為夷。對於父親和弟弟，他內心的孝敬和悌愛使他不忍撕破臉皮鬧翻，因為那樣，怎麼能是孝悌呢？所以他只好不動聲色，假裝糊塗，好像什麼事也沒發生一樣，一如既往，只是內心多了些警惕性。

有一次他們讓舜去挖井，等舜進去後便把井口堵死。象以為這次舜必死無疑，便迫不及待地到舜的屋裡，想打舜的兩位妻子的主意，不料舜大難不死，早已從井的另一個出口脫身回到家裡。象一進屋門，舜正在床上彈琴。

象只好尷尬地說：「我正惦記著你呢！」

14. 處變不驚，遇事不慌

舜順水推舟地說：「多謝你的美意，你真是我的好兄弟，今後管理臣民的事，請你協助我一起辦吧。」那時舜已是堯的法定接班人了，堯把自己的兩個女兒娥皇與女英嫁給了舜。舜可以說是靠裝糊塗來治家治國的第一人。

孟子在與他的學生談及此事的時候，有學生提問說舜是不是有點虛偽呢？孟子答：「不是的。當年有人送了一些活魚給鄭國的子產，子產吩咐侍者放到池裡養起來，而侍者卻私自煮了吃了，回去向子產彙報說：『剛剛放進去的時候，微微地動，過了一會兒，就似乎很自在的樣子，慢慢地不見了。』子產說：『牠們到了好去處啊，牠們到了好去處啊！』侍者出來時別人說：『誰說子產聰明，我已經煮熟吃了，他還說牠們到了好去處！』」

孟子最後總結道，與人交往，不必明察秋毫，喜怒形於言色，只要心裡明白，表面假裝相信對方合乎情理的藉口，也未嘗不可。何必非要表現得自己什麼都知道，不給別人一個臺階下呢！否則，弄得對方很尷尬，對自己也沒有好處。

奇章公牛弘有個弟弟叫牛弼，喜歡喝酒，而且每飲必醉。曾經有一次喝醉了，射死了牛弘駕車的牛。牛弘回家的時候，他的妻子迎上去跟他說：「小叔把牛射殺死了。」牛弘連想也沒有想一口答道：「正好可以做成牛肉乾。」

冷眼一句話，掃卻了別人將來多少脣舌。想與父母兄弟

二、糊塗做人：半清醒半糊塗

和睦相處的人，值得效法。

有一個村裡有一位男人，妻子身體不好，幾乎沒有做過什麼體力活，只是在家做飯洗衣帶孩子，這在農村算是有福的女人了。可這女人生性多事，又好護短，誰家的孩子欺負她的孩子啦，誰說了一句她家的壞話啦，都要添油加醋地向丈夫數落，並說嫁給你總是受人家的氣啊！這男人血氣方剛，性情火爆，總要找人家打罵一通，在表面上占了不少便宜，可是把村裡的人幾乎得罪完了。以至於幾個孩子對他們也很反感，公然叫罵：「遇到這樣的父母，真是倒了八輩子的楣！」幾個孩子至今也找不到太太。媒人來說合的本來就少，有說成的，人家一打聽，立刻就不願意了。假若妻子或丈夫有一個人有教養些，忍耐些，裝裝糊塗，哪裡還有這麼多閒氣和流血事件呢！不動聲色，順水推舟，得過且過，可以大事化小，小事化了啊。

遇事沉著冷靜，被認為是人生極為重要的修養。有一個詞語叫「臨變不驚」，古人也是做出了很好的榜樣。

15. 謙虛低調，吃虧是福

與人相處，有一分退讓，就受一分益；吃一分虧，就積一分福。相反，存一分驕，就多一分恥辱；占一分便宜，就招一次災禍。

在日常生活中，當自己的利益和別人利益產生衝突，友誼和利益不可兼得時，首先要考慮捨利取義，寧願自己吃一點虧。鄭板橋曾說過：「吃虧是福。」這絕不是阿Q式的精神自慰，而是他一生閱歷的高度概括和總結。

清朝時有兩家鄰居因一道牆的歸屬問題產生爭執，欲打官司。其中一家想求助於在京為大官的親屬張廷玉幫忙。張廷玉沒有出面干涉這件事，只是寫了一封信回家，力勸家人放棄爭執，信中有這樣幾句話：「千里捎書為道牆，讓他三尺又何妨？萬里長城今猶在，誰見當年秦始皇。」家人聽從了他的話，這下使鄰居也覺得不好意思，兩家終於握手言歡，反而由你死我活的爭執變成了真心實意的謙讓。《菜根譚》中提到：「路徑窄處，留一步與人行；滋味濃的，減三分讓人食。此是涉世一極樂法。」可謂深得處世的奧妙。

天玄子說：「利人就是利己，虧人就是虧己，讓人就是讓己，害人就是害己。所以說：君子以讓人為上策。」呂子

二、糊塗做人：半清醒半糊塗

也曾經說：「退己而讓人，約束自己而豐存他人；所以群眾樂於被用，而所得是平時的幾倍。」所以說：「謙遜辭讓，作為德的首位。」

一個人，對於事業上的失敗，能自任一方面的錯誤，就難讓人感德；在有成就時，能讓功於他人，就能讓人感恩。老子說：「事業成功了而不能居功。」不僅讓功要這樣，對待善也要讓善，對待得也要讓得。凡是壞處就歸於自己，好處都歸於他人。他人得到名，我得他這個人；他人得到利，我得到他這個心。二者之間，輕重怎樣？明眼人一看，就知道分寸了。

讓人為上，吃虧是福。所以曾國藩說：「敬以持躬，讓以待。敬就要小心翼翼，事情不分大小，都不敢忽視。讓，就什麼事都留有餘地，有功不獨居，有錯不推諉。念念不忘這兩句話，就能長期履行大任，福祚無量。」古人說：「自謙人們就越服從，自誇人們就越懷疑。我恭敬就可以平人的怒氣，我貪婪就可以啟發人們的爭端，這都是在於我的為人而已。」

謙遜辭讓，德之首位。這樣的人，其胸懷必定寬廣，其品格自然高尚。連吃虧都視為福的人是不會缺少幸福的。

三、忍耐成就一切：
掌握忍讓的謀略

三、忍耐成就一切：掌握忍讓的謀略

1. 忍耐是強者心態

古人說：「百行之本，忍之為上。」忍是一種積蓄力量的方式，是一種強者的心態。小不忍者則亂大謀，凡成就一番大業者，都善於忍耐。

「忍」字從字形上看，是心字上面加了一個刀刃的「刃」字，其意彷彿是在告訴我們，這是一把極其鋒利的刀，直插在人的心頭。想一想，誰能不望而生畏呢？所以，若無大智大勇，很難理解「忍」之精髓。

「忍」在中國古代哲學史中，是一個十分重要的範疇。古時關於「忍」有很多解釋：

《說文》中說：「忍，能也。」

《廣雅‧釋言》中說：「忍，耐也。」

《荀子‧儒效》中說：「志忍私，然後能公，行忍性情，然後能修。」

《晉書‧宋伺傳》中說：「兩敵相對，唯當能忍之，彼不能忍，吾能忍，是以勝耳。」

《左傳》中說：「一慚不忍，而終身慚乎？」

先哲們對於「忍」的思想有許多經典論述，其中比較著名的有：

1. 忍耐是強者心態

孔子說過：「小不忍則亂大謀。」

宋代大學問家程頤也說：「憤欲忍與不忍，便見有德無德。」把忍看成是人道德修養的重要組成部分，也由此看出人的品德操行。

北宋著名的文學家蘇軾，就人應該具有忍耐的精神這個問題，談到他的看法：「君子之所以取者遠，則必有所待。所就者大，則必有所忍。」

陸游說：「小忍便無事，力行方有功。」也是看到了人生行事過程中忍的必要性。

早在元朝，便有兩位飽學之士許名奎、吳亮專門編纂了《勸忍百箴》和《忍經》傳給後人。

清朝道光 26 年間，出版了《忍字輯略》。這本書中說：「金入火生光，草入火生煙，苦難一也。此言耐苦猶耐火也。善忍者成如金，煉去心渣益明，不善忍者反是，怒氣所薰，無不染也。」又說：「古聖賢豪傑所以立大德而樹立業者，莫不成於忍，而敗於不能忍。」

自古以來，人們對忍已有許多闡釋，吳亮的《忍經》也面世多年，但是時代在前進，社會在發展，人們關於「忍」的思想也在不斷地豐富。

具體說到忍，其內涵也是多方面的。

三、忍耐成就一切：掌握忍讓的謀略

首先，具有一種超凡脫俗的精神境界而表現出來的，克制人性中的卑劣行為和欲望的思想。

其次，為了實現崇高的目標，而表現出的高度自我犧牲精神。

其三，為了某種利益的獲取而忘我奮鬥的精神。

其四，為了達到某種目的，在特定人物身上表現為計謀的運用。

忍代表著一種力量，是內心充實，無所畏懼的表現。忍是一種強者才具有的精神品格。

忍不是忍氣吞聲甘願受他人擺布，或者是受人欺侮，逆來順受，不去反抗。忍是一種積蓄力量的方式。那些表面上盛氣凌人、氣勢洶洶、不可一世的人，內心則是空虛軟弱的。忍一時彷彿是吃了虧，其實，一個人勇於吃虧，不去占便宜，也許就得到了最大的好處，而那種事事處處都想占別人便宜，不願吃虧的人，到頭來往往自己反而吃了大虧。

我們常常在生活中遇到這樣一種情況，它可能是一種平白無故的批評，也可能是一種莫名其妙的指責；它可能來自於同事和朋友們的誤解，也可能是出於某些不安好心的人的唆使和陰謀。在這種情況下，如果我們不明察事理，則很容易把事情弄糟，甚至是把好事辦成壞事，而「忍」則有助於幫助我們去處理這些問題。

1. 忍耐是強者心態

我們要和各種人打交道,所以要能正確地去包容各種人,各種看法,各種行為。

漢朝的呂蒙正式被封為宰相,正準備上朝時,朝中的一位官吏,站在門簾處指著他說:「是這個小子當了宰相嗎?」呂蒙假裝沒聽見。這時與呂蒙同行的官員一定要問清楚這個人的姓名,呂蒙堅絕不許,說:「倘若一旦知道他的姓名,就會一生也忘不了,不如不問好。」

一個人只有善於忍,才能得到各方面的幫助,吸收各個方面的資訊,有時你自己不知不覺就會發現,忍給你帶來的好處,遠遠大於不忍給你造成的損失。

儘管自己有能力、有權利去做、去說,但是又非要讓自己不做、不說,那不是一件最難的事嗎?這時,你就要和自己作戰,要曉得:世界上真正的強者是能夠戰勝自己的人。忍者之所以是強者,是因為他們戰勝了自己!世界上最難以克服的困難,也就是戰勝自我。其實我們應該看到世界上最大、最頑固的敵人,也就是我們自己。說到底,忍就是我們必須戰勝「不能忍」這頭憤怒的獅子,唯其如此,在交往處世中,我們才能成為真正的獅子,成為真正的強者。

三、忍耐成就一切：掌握忍讓的謀略

2. 忍耐者海納百川

「海納百川，有容乃大」。要想做一番大事業，就必須具有海納百川氣度和超人的氣量。能包容不同的意見和看法，能與不同性格的人和睦相處、共創大業。

要具備這種「百川入海」的性格和人生態度，則必須學會「忍」。

我們之所以說具備一種百川入海般的寬宏大量需要「忍」，這主要是由於，身為具有個性和七情六慾的人來說，尤其是那些血氣方剛、嫉惡如仇的人來說，要去接受一些與自己不同意見和看法、容納各種有時可能是帶有攻擊和敵意的言論與行為，是一件比較困難的事情。在這種場合下，要說在情感上是難以接受的，從理智上看，也常常是十分痛苦的。人們往往一下子不容易轉過彎來，非常樂意地接受這些東西。也正是由於這樣，「忍」便是十分必要的。

一位農村青年人打算開發村裡後山的一大片荒地，種茶樹、弄果園。本來這是一件非常有意義的工作，但是就有一些人認為這位青年是「癩蛤蟆想吃天鵝肉」，不予支持。也有的人覺得這片山地過去也曾經有人動過腦筋，也嘗試過，但是都失敗了，因而也認為這位青年人的打算是不切合實際的。

2. 忍耐者海納百川

　　如何對付這些種種不同的意見呢？這位青年起初是十分生氣的。他想，自己是抱著滿腔熱情，想為村裡做點事，卻反遭到如此批評，實在是不公平，不如乾脆算了。但是事後又一想，別人這麼說，也沒有辦法，我也不能堵住別人的口不讓他們說。唯一的辦法就是先忍著，等我做出個樣子，給你們看看。

　　村子裡一位老人得知此事後，找到了這位青年，語重心長地對他說：「你這樣有決心，是好樣的。但是，你也要聽得進別人的意見，哪怕是反對你的人，而且還要爭取他們的支持，這樣才有希望把事情辦成功。」聽了老人的話之後，這位青年也覺得自己勢單力薄，而且對這片荒地的情況也不太了解。

　　但是最熟悉這塊土地的人，卻又是對此事冷嘲熱諷較厲害的一個人。怎麼辦呢？他強忍著心中對這個人的反感和厭惡，陪著笑臉上門找他請教，但是一而再、再而三地被擋了回來。在這種情況下，他幾乎都灰心了，想著，就再試最後一次吧！

　　於是，又一次地登門求教。那個人見這位青年如此誠懇的態度，心裡也有了好感。他一改常態，比較熱情地接待了這位青年，並詳細地介紹了這塊荒地的情況，包括土質、陽光的照射、野獸的干擾等等。他還告訴這位青年：「每年春

三、忍耐成就一切：掌握忍讓的謀略

季，一逢下雨，必有山洪暴發。那時，隨著大水的沖刷，這塊荒地必將受到嚴重的影響。如果要想開發，必須把山頂上的溢洪道修好，才是長久之計。過去由於該工程工作量較大，村裡又沒有錢，一直未能改造，所以這塊荒地也一直擱在那兒。」聽了這番話後，這位青年如獲至寶。

後來，當取得成功碩果的這位青年回憶起此事的前後經歷時，深有感觸地說：一個人要有海納百川的廣闊胸襟，一定要善於忍，這樣才能得到各個方面的幫助，吸收各個方面的營養。有時甚至你很不樂意，也必須克制自己，往往有百利而無一害。

3. 忍一時，成功一生

　　常言道：忍一時風平浪靜；退一步，海闊天空。寬容和忍讓是制止報復的良方，是保你一生平安的「護身符」，是建立良好人際關係的「潤滑劑」。

　　寬容和忍讓是制止報復的良方。你經常帶上這個「護身符」，保你一生平安。因為善於寬容和忍讓的人，不會被世上不平之事所擺弄，即使受了他人的傷害，也絕不會以再傷害他人相報，寬容忍讓會時時提醒自己「邪惡到我為止」。

　　唐代宰相張公藝以九代同居為世人所艷羨，一日，唐高宗臨幸其居，問其所以能維持和睦之理，公藝索一紙一筆，書「忍」字為對，高宗賜帛而去。

　　俗語講得好：「小不忍則亂大謀。」有時忍小憤亦可以成大謀。

　　清朝乾隆年間，鄭板橋正在外地做官。忽然有一天，收到在老家務家的弟弟鄭墨一封來信。兄弟兩人經常通信，然而，這一次卻非同尋常。原來弟弟想讓哥哥出面，到當地縣令那裡說說情。這一下子弄得鄭板橋很不自在。這鄭墨粗識文墨，原也不是個好惹是生非之徒，只是這次明顯受人欺侮，心裡的怨恨實在嚥不下去。原來，鄭家與鄰居的房屋共

三、忍耐成就一切：掌握忍讓的謀略

用一牆。鄭家想翻修老屋，鄰居出來干預，說那堵牆是他們祖上傳下來的，不是鄭家的，鄭家無權拆掉。

其實，這契約上寫得明明白白，那堵牆是鄭家的，鄰居借光蓋了房子。這官司打到縣裡，尚無結果，雙方都難免求人說情。鄭墨自然想到了自己做官的哥哥，便寫了一封信給鄭板橋。想來有契約在手，再加上哥哥出面說情，官官相護嘛，這官司肯定是必贏無疑了。鄭板橋考慮再三，寫了一封勸他息事寧人的信給弟弟，寄去了一個條幅，上寫「吃虧是福」四個大字。同時又給弟弟另附了一首打油詩：

千里告狀為一牆，

讓他一牆又何妨；

萬里長城今猶在，

何處去找秦始皇。

鄭墨接到信，羞愧難當，當即撤了訴狀，向鄰居表示不再相爭。那鄰居也被鄭氏兄弟的一片至誠所感動，表示也不願繼續鬧下去。於是兩家重歸於好，仍然共用一牆，這在當地一直傳為佳話。

大凡平民百姓，最難吃得虧的是財，最難得忍受的是氣。往往被氣所激，被財所迷，做出不可收拾的局面來。一打官司，難免為了爭個輸贏而打點官府衙門，大多是丟了西瓜，撿了芝麻，甚至自己傾家蕩產。這樣的關口，兩相爭

3. 忍一時，成功一生

必相傷，兩相和必各保，實在不值得爭贏鬥狠，種下深仇大恨。

鄭板橋的意思無非是說，錢財乃身外之物，不值得相爭。像長城那樣宏偉的工程，秦始皇死後尚不能擁有，將國比家，道理不是一樣的嗎？人赤裸地來到世上，又赤裸地復歸黃土，爭來爭去沒什麼意思，更何況還要驚動官府、傷害鄰居呢？

「讓他一牆又何妨」，表現了鄭板橋的寬宏大量。

深諳柔韌是人生之道者，必都懂得「吃虧是福」的道理。會吃虧的人，往往都是極端聰明的人。吃虧絕非軟弱與怯懦，而是內在的更高層次的剛強。

「吃虧」絕不是軟弱和怯懦，人人都想占便宜，戰勝這個心理本身是需要很大的決心和勇氣的。軟弱和怯懦的人絕不想吃虧，而只有那些真正剛強和有能耐的人才能甘願吃虧。甘願吃虧就是忍讓。假裝糊塗，甘願吃虧，息事寧人，沒有一定的涵養是不可能辦得到的。所謂「以柔克剛」，其實「柔」也是一種力，一種更強的力。

三、忍耐成就一切：掌握忍讓的謀略

4. 忍住傲氣，獲得回報

人生之路漫長而曲折，充滿荊棘和坎坷，聰明的人善於韜光養晦，以退為進，化直為曲。特別是風華正茂的年輕人，且不可恃才自傲，鋒芒畢露，否則會處處碰壁。

有很多風華正茂的年輕人，恃才自傲，不會「忍」，其結果，往往被碰得焦頭爛額。忍，就是要明白：世界上並沒有一條筆直的路，要善於韜光養晦，以退為進，化直為曲。只有這樣，才能取得最後的成功。有句諺語說：「誰笑在最後，才笑得最好。」說得正是這個意思。

一位留美電腦博士學成後在美國找工作，有個嚇人的博士頭銜，求職的標準當然不能低。結果他連連碰壁，好多家公司都沒錄用他。想來想去他決定收起所有的學位證明，以一種最低的身分，再去求職。

不久後，他就被一家公司錄用為程式輸入員。這對他來說就像是高射炮打蚊子，但是他仍然做得認認真真，一點也不馬虎。不久老闆發現他能看出程式中的錯誤，不是一般的程式輸入員可比的。這時，他才亮出了大學畢業證書，老闆替他換了個與大學生畢業生相稱的工作。

過了一段時間，老闆發現他時常提出一些獨到的、有價

4. 忍住傲氣，獲得回報

值的建議，遠比一般大學生要強，這時他亮出了碩士證書，老闆見後又替他升職。

再過一段時間，老闆覺得他還與別人不一樣，就「質詢」他，此時，他才拿出了博士證書。這時老闆對他的水準已有了全面的了解，毫不猶豫地重用了他。這位博士最後的職位，也就是他最初理想的目標。直接進取失敗了，後退一步再進時，終於如願以償。

以退為進，由低到高，這既是自我表現的一種藝術，也是自下而上競爭的一種方略。跳高，離跳高架很近，想一下子就跳過去並不容易。後退幾步，再加大衝力，成功的希望可能更大。人生的進退之道就是這樣。

這個博士的辦法是最聰明的，他先放下身分和架子，甚至讓別人看低自己，然後尋找機會全面地展現自己的才華，讓別人一次又一次地對他刮目相看，他的形象慢慢變得高大。如果剛一開始就讓人覺得你多麼的了不起，對你寄予了種種厚望，但是你隨後的表現讓人一次又一次的失望，結果是被人越來越看不起。這種反差效應值得人們借鑑。人家對你的期望值越高，越容易看出你的平庸，發現你的錯誤，相反，如果人家本來並不對你抱有厚望，你的成績總會容易被發現，甚至讓人吃驚。

很多剛工作的人，不懂得這種心理，往往希望從一開始

三、忍耐成就一切：掌握忍讓的謀略

就引人注目，誇耀自己的學歷、本事、才能，即使別人相信，形成心理定勢之後，如果你工作稍有差錯或失誤，往往就被人瞧不起。試想，如果一個大學生和博士生做出了同樣的成績，人家會更看重誰？人家會說大學生了不起。你博士的學歷高，理應本領高些，但是你跟人家一樣，有什麼了不起？心理定勢是難以消除的。所以，剛上新職位的人，不應當過早地暴露自己，當你默默無聞的時候，你會因一點成績一鳴驚人，這就是深藏不露的好處。如果交給你一項工作，你就說「我保證能夠做好」，這幾乎和說「我不會」一樣糟糕，甚至更糟糕。你應當說：「讓我試試看。」結果你同樣做得很好，可得到評價會大不相同。

某大學，一個系裡有兩個成果頗豐的青年教師，一個愛吹噓自己的成就，逢人便說又發表了幾篇文章，學術成就多高，另一個幾乎總是迴避關於這個問題的提問，或者輕描淡寫地說不怎麼樣。結果，兩個人都抱著一疊雜誌到系裡申報職稱，系裡的人對前一個人說：「你整天吹噓自己發表了多少文章，按照數目來說，早就遠遠超過這些了，怎麼才這麼一點。看看人家，平日一聲不響，誰能想到他會發表這麼多文章呢？」儘管兩人數量差不多，但是後來還是第二個人先晉升了。

俗話講：退一步路更寬。要退，必先學會忍。事實上，

4. 忍住傲氣，獲得回報

退是另一種方式的進。暫時退卻，養精蓄銳，以待時機，這樣的退後再進則會更快、更好、更有效、更有力。退是為了以後再進，忍住一時的欲望，暫時放棄某些有礙大局的目標，是為了最後實現更大的成功。這退中本身已必然包含了進，這種退更是一種進取的策略。

那位留美電腦博士的求職藝術堪稱極妙，最初對理想目標追求得太迫切，反而白白增添煩惱而又不能達到目的，倒不如隱忍一時，退而求其次，走上以退為進的成功之路。

鋒芒太露，則會戕及自身。有才華有能力者，如果不諳熟用「忍」之道，同樣會招來不虞之災。

三、忍耐成就一切：掌握忍讓的謀略

5. 克制欲望，不被誘惑

　　淡泊以明志，寧靜以致遠。只有志趣高潔，潔身自愛者，才不會為蠅頭小利所動，才不會在權爭利奪中迷失。

　　所謂淡泊，這裡指的是在五顏六色、光怪陸離的商品社會中，堅持自己的節操，維護自己的清爽如冰的高潔人品，甘於寂寞和寧靜，不為錦衣玉食、高官厚祿所動，而是心存高遠的明志，並為之而努力奮鬥。這個原則之可行，便在於它始終堅持了自己的生存方式，有一個自己確信有價值，並且值得奮鬥的大志向。

　　正因為一心奔著這樣一個較高的目標，把一切都服務於這樣一個方向，那麼，生活中的蠅頭小利，在他看來，都自然是不屑一顧的。即使是非常誘惑人的，而且也完全可以得到的東西，也會不為之而動搖。當然，淡泊還另有一層含義，則是指對人生有了一種深刻的洞察和把握，真正地了解到大凡名利之類的東西，不外是一些生不帶來、死帶不走的身外之物。

　　這樣，便可以在各種人世間的你爭我奪中，處於泰然的地位，也無疑可以克制住自己內心的某些欲望。與此相反，不能淡泊的人，便常常在洶湧的商品大潮中失去了自我，在

5. 克制欲望，不被誘惑

誘人的名利面前成為奴隸。這種利慾薰心的人，必然會為一點點的蠅頭小利而爭得頭破血流，為微不足道的權力和官職打得你死我活。

在現代社會中，這樣一種淡泊便體現在：儘管周圍的人都發了財、升了官，有了汽車、房子，但是自己卻仍然能夠堅持自己所嚮往的志趣，以這種志趣安排自己的生活。能夠用這種堅定的信心抵禦外部環境的誘惑，用自己的志向克制自己內心情慾的衝動。在這個過程中，我們運用的是一種志趣與利慾相抗衡，用一種信念去戰勝貪婪。這樣，方能夠「忍」得下來。

應該承認，在現代生活中，尤其是在迅速而且大量的資訊撲面而來的現代社會中，要想這樣「淡泊」是很不容易的。要想在絢麗多彩的商品包裝面前抑制住自己的衝動，是要花力氣的，要想在金錢和名譽面前泰然處之，不能不需要相當的毅力。但是，一旦能夠做到這樣的「淡泊」，卻可以獲得極大的益處。對此，非常重要的一條便是，不要把自己的目光集中在某些人的一時一事上，而要從一個較長的時間中去看待人世間的起伏、人們的沉浮以及滄桑的變化。同樣，也用這種時間的觀點去評價自己的行為和追求。要知道，時間的力量是非常之大的，它可以摧毀一切經不起磨練的虛偽，可以證明事情的真假，也可以區分價值的高低。

三、忍耐成就一切：掌握忍讓的謀略

　　而我們一旦這樣去做時，便可以看到，幾經變化之後，堂堂皇皇的座上賓可能轉眼之間變成了可憐兮兮的階下囚；耀武揚威的重量級人物，或許在幾番周折之後而變成了搖尾乞討的小狗。還有那富麗的高樓，主人換了一個又一個，好似走馬燈，亂紛紛地你方唱罷我登場；燈紅酒綠的吧廳中，高高的酒櫃邊，過客恍如煙雲一般。沒有什麼是永恆的，沒有什麼是絕對的。錢財名利，更是如同足球一樣──圓的，今日滾向東邊，明日也許又不知被誰踢上一腳。當我們這樣去評判世事時，便不會為那一時一事某人的發跡而眼紅，也不會因此時此刻某人的亨通而自慚了。也只有這樣，「忍」便對自己成為一種自然而然的事情，而一旦「忍」下來，你又會發現，在你自己身上，已經具備了戰勝一切的力量。

6. 君子慎獨，鍛鍊自制力

　　孔子曾經說過：君子慎獨。即真正的君子，要在沒有他人監督的情況下，嚴格地約束自己，不能做出悖離禮法及倫常的事來。

　　君子在獨處的時候，也應當忍，要能夠自持和自制。今天，人們有了越來越大、越來越多的自由，有了更多的機會和表現自己的空間。也正是在這種情況下，自持和自制便顯得更加重要。

　　如果我們要明確規定什麼是自持和自制，那麼，這就是自己為自己立法，並以這種自己為自己頒布的法來自覺地約束自己，提高自己的自持與自制力，這便是這個原則的內涵。古代人之所以要講究「慎獨」，實際上是說在那個時候，人們往往都是被一些客觀的因素和倫理法則所被動地約束自己，而能在獨自一人、無他人在場監督時，也自覺地遵守嚴格的律條。它所要求的也就是不僅在公共場合，而且在獨處時都能夠服從某種倫理觀念和法律規範。

　　而現代社會所要求的自持和自制，則是一種對自我立法的服從，是一種自己對自己的規定。對這種自我立法的服從

三、忍耐成就一切：掌握忍讓的謀略

程度，反映了一個人自制力的大小，也反映了他的「忍」功的高低。

不難發現，大凡「忍」，無非都是出於某一種規則或律令。由於這種規則或律令的要求，我們才決定止步不前，或接受某種自己不願接受的事實。然而，作為這些規則和律令來說，一般可分為兩類：一類便是外在的；一類則是內在的。前者是別人為自己訂立的，後者是自己為自己訂立的。

古人們之所以要強調「忍」，多半是出於對外在規則和律令的服從和懼怕，而且在有一些人把「忍」字理解為「心字頭上一把刀」，其思想背景也是這樣去理解「忍」。由於是外在的約束，不是「刀」才奇怪呢。而這樣的忍帶給人們的痛苦也是可想而知的。在現代社會中，真正的「忍」則不是那樣，它是一種自我立法、自我約束之下的「克制自己」，是真正地、由衷地出於一種自我本身的需要。

它不像傳統社會那樣，「忍」是一種自我犧牲、是殉道，或者是一種所謂的忠誠。它是一種自我實現的方式，是對自己有利的。例如，美國著名的科學家、政治家和作家班傑明‧富蘭克林（Benjamin Franklin）在青年時代就為自己訂立了十幾條規則，其中包括節制、即食不過飽、飲酒不醉、沉默寡言、儉樸等等。顯然，當我們有了這樣一種自我立法，

6. 君子慎獨，鍛鍊自制力

一種對自己的約束，並且能夠始終如一地去遵守，「忍」就要容易得多。

真正的忍者，都有一種「慎獨」的精神，沒有外界的監督和約束而能「忍」不逾度，是忍的高境界。

三、忍耐成就一切：掌握忍讓的謀略

7. 中庸之道，忍耐有分寸

所謂「中庸」就是對任何事情本著不走極端的方式，適可而止。這就要求能做到一個「忍」字，保持一種適中的人生態度。

許多事情壞就壞在不能掌握一個分寸，壞就壞在走了極端。人，儘管有理性，能夠在清醒的時候分清楚是非好歹。但是，身為有情感的人，卻常常容易因為一時的衝動和得意而忘乎所以。而且，即便是在理性的指導下，也往往會由於過分地鑽牛角尖，在一些事情上陷於難以自拔的地步。而中庸便在於克服這種行為方式。

作為一種「忍」的原則的中庸，其主要含義表現在以下幾個方面：

(1) 對自己不走極端，適可而止，量力而行

「水滿則溢」、「過猶不及」等等，都是先哲們早已總結出來的經驗。它告訴我們，哪怕自己可以去爭取到的東西，最好也是留點分寸、留點餘地，以便在萬一出現什麼情況時，能夠有一個迴旋的餘地。這裡，不僅是一個自我謙讓的問題，而且也有一種客觀的必要性。

7. 中庸之道，忍耐有分寸

因為，就人來說，一旦處於非常極端的地步或狀態，往往會使自己反而處於比較被動的境地。我們有一些人常常喜歡抓住機會，充分地展示自己。從自我實現的角度說，這當然是無可非議的。但是，這種表現一旦過頭，則往往會造成適得其反的結果。這一點又何止是表現在這一方面。在人們的衣食住行方面，在待人接物、工作生活等方面都是如此。常常聽到有人這樣說：「哪怕是再好、再美味的佳餚，儘管非常合自己的口味，也最多只能吃個七分飽。」這個道理是同樣的。

(2) 在對人上也要不偏不倚，做到「和為貴」

任何人在工作中都必須與他人打交道，都必須與別人合作。在這個過程中，少不了有合脾性的、對口味的夥伴與朋友，也難免會有一些在性格、氣質、甚至於行為方式上都顯得格格不入的人。在這種情況下，如果單純地憑自己的好惡。近前者，遠後者，甚至於表現出一種明顯的態度，其結果往往是容易為自己的工作、生活帶來諸多不便。

作為「忍」，則要求對那些自認為合不來的人，也應在工作中採取接近和合作的態度，對那些似乎是很要好的人，也應該適當地保持一種距離。這樣，不僅可以真正地團結一切可以團結的人，得到各種人的幫助，而且也還可以保持朋友間長久的友誼和交往。

三、忍耐成就一切：掌握忍讓的謀略

這種中庸絕不是虛偽，也並不是假心假意，而是一種科學、一種人生的智慧。殊不知，自己與別人合不來，在許多情況下屬於雙方性格的差異。我們有什麼理由要求別人來順從自己的性格呢？我們常常要求別人尊重自己的興趣與氣質，為什麼又不去尊重別人的存在方式呢？既然如此，這種「中庸」、這種「忍」又有什麼不應該呢？

(3)對待工作要謹慎、細心、勿躁、勿急

有些人對待工作和處理事情，總希望能夠在一天之內便能做好、做完，心急火燎。作為一種熱情，它是值得提倡的。「一萬年太久，只爭朝夕。」拖拖拉拉無疑是一種非常惡劣的作風。但是，作為「中庸」的態度，則不該如此。它要求人們克制、忍住自己的急躁，冷靜地分析、仔細地思考。而不是一下子便急於去草率行事、魯莽上陣。

有些事情表面上看，似乎非常簡單、容易，而這類事情也特別容易出問題，癥結也就在於不能夠克制自己的求勝心理，希望一下子便做完。「中庸」的態度在這裡便體現為一種冷靜。另一方面，在對待事情和工作中，「中庸」還要求人們不能貪多、什麼事都想做、哪裡都插一手，而要求人們量力而行，做到有所為而有所不為，有所得也必然有所失。否則，很可能是什麼都做了，而又什麼都沒能做好。

總之，一個人要是能夠在對己、對人、對事上都能夠保

7. 中庸之道，忍耐有分寸

持一種主動姿態。「忍」並不意味著我們不敢反抗。不敢反抗，不敢有所行動的接受和承擔委屈不是「忍」，而是一種奴才心態，一種無能的表現。「忍」只是暫時不去反抗。這種暫時不去反抗，同時也就意味著我們隨時都可以反抗。自己是主動的。也正是由於這種，對方對於這種「忍」常常是色厲內荏，心中害怕得不得了的。與這種能「忍」的強者相比，那些表面上氣勢洶洶，不可一世的人又算得上什麼呢，不過是一個小丑而已。

當然，這種積蓄力量，引而待發的「忍」，其力量所在，很重要的一條便在於可「發」而只是「待發」。也就是說，自己是有理的，也是有力的。而這也就涉及到一些具體的「忍」的方式了。反言之，在這種「忍」的過程中，要讓對方知道自己的力量，明白自己是在「忍」，是不願與之計較的。

三、忍耐成就一切：掌握忍讓的謀略

8. 寵辱不驚，面對奉承的心態

「禍兮福之所倚，福兮禍之所伏。」世上許多事情的確是難以預料的，成功伴隨著失敗，失敗伴隨著成功。所以為人處世要時時警醒，寵辱不驚，且不可在虛無中陶醉和迷失。

《阿毗達磨俱舍論》中有個福禍雙至的故事。

故事說，很早很早以前，有一年輕人希望上天能賜予他最大的幸福。他日復一日，虔誠地向神佛祈禱。他的誠心終於感動了上天。一天夜裡，他聽到有敲門聲，當他開門時，赫然發現門外站著一位美麗異常的女生。美麗的女生開口，她的聲音非常美妙，猶如黃鶯出谷一般：「我是負責管理幸福的女神，是吉祥天。」

年輕人不禁喜出望外，立刻邀請她進屋裡坐，吉祥天含笑地對年輕人說：「請等一等，我還有一個妹妹，她跟我是形影不離的！」於是，隨即將站在他身後暗處的妹妹介紹給年輕人。

當年輕人看清楚她的面孔後，不禁大驚失色，心想，世界上怎麼會有如此醜陋的人？

他疑惑不解地問吉祥天：「這位女生真的是你的妹妹嗎？」

8. 寵辱不驚，面對奉承的心態

吉祥天嚴肅地回答：「她就是我妹妹，叫黑暗天，是掌管不幸的女神。」

年輕人聽了連忙懇求：「只要你進來就行了，叫黑暗天留在門外好嗎？」

她回答道：「你的要求恕我無法接受，因為我和我的妹妹從小到大都是形影不離的。」年輕人聽了深感苦惱，而遲遲不能決定。

這時，吉祥天說話了：「如果你還是難以決定，那我們就告辭了。」當年輕人還在猶豫不決，進退兩難時，她們很快就消失了。

看來，福禍是一體的兩面，是分不開的。人生在世，如果不懂得這其中的道理，就會受福禍的捉弄，即使幸福來臨，也會失去。

世界上有許多事情的確是難以預料的，成功伴著失敗，失敗伴著成功。人本來就是失敗與成功的統一體。人的一生，有如簇簇繁花，既有紅火耀眼之時，也有黯淡蕭條之日。面對成功或榮譽，不要狂喜，也不要盛氣凌人，把功名利祿看得輕些、看得淡些；面對挫折或失敗，要像愛因斯坦（Einstein）、小澤征爾那樣，不要憂悲，也不要自暴自棄，把厄運羞辱看遠些、看開些。這樣就不會像《儒林外史》裡的范進，中了舉惹出禍端。

三、忍耐成就一切：掌握忍讓的謀略

美國發明家萊特兄弟（Wright brothers）1903年發明了飛機，在首次飛行試驗成功後，名揚全球。一次，有一位記者好不容易找到兄弟兩人，要給他們拍照，弟弟奧維爾‧萊特（Orville Wright）謝絕了記者的請求，他說：「為什麼要讓那麼多人知道我們的相貌呢？」

當記者要求哥哥威爾伯‧萊特（Wilbur Wright）發表演說時，威爾伯回答道：「先生，你可知道，鸚鵡叫得呱呱響，但是牠卻不能飛得很高很高。」就這樣，兄弟倆視榮譽如糞土，不寫自傳，從不接待新聞記者，更不喜歡拋頭露面展示自己。有一次，奧維爾從口袋裡取手帕時，帶出來一條紅絲帶，姐姐見了問他是什麼東西，他毫不在意地說：「哦，我忘記告訴你了，這是法國政府今天下午發給我的榮譽獎章。」

美國大發明家愛迪生（Edison）的漫長一生都在發明創造。從1869年至1910年，他獲得了1,328項專利，平均每11天就有一種發明貢獻於世。每當他完成一件發明，並確定這項發明能帶給他大量金錢時，他會興奮地跳起來。他一邊跳舞，一邊口中咒罵自己的新發明。跳舞之後，他又告訴大家這項新發明並沒有什麼了不起，只是一個開頭。愛迪生用跳舞加咒罵來慶賀發明成功。

西方有一句諺語：「名聲躲避追求它的人，卻去追求躲避它的人。」這是為什麼呢？著名哲學家叔本華（Schopen-

8. 寵辱不驚，面對奉承的心態

hauer）回答得很好：「這只是因前者過分順應世俗，而後者能夠大膽反抗世俗的緣故。」

20世紀初，法國巴黎舉行過一次十分有趣的小提琴演奏會，這個滑稽可笑的演奏會，是對追求名聲的人的莫大諷刺。

巴黎有一個水準不高的小提琴家準備開獨奏會，為了出名，他想出了一個主意，請喬治・恩奈斯古（George Enescu）為他伴奏。

喬治・恩奈斯古是羅馬尼亞著名作曲家、小提琴家、指揮家——被人們譽為「音樂大師」。大師經不住他的哀求，終於答應了他的要求。並且還請了一位著名鋼琴家臨時幫忙在臺上翻譜。小提琴演奏會如期舉行。

可是，第二天巴黎有家報紙用了道地的法式俏皮口氣寫道：「昨天晚上舉辦了一場十分有趣的音樂會，那個應該拉小提琴的人不知道為什麼在彈鋼琴；那個應該彈鋼琴的人卻在翻譜；那個頂多只能翻譜的人，卻在拉小提琴！」

這個真實的故事告訴世人，一味虛求名聲的人，想讓人家看到他的長處，結果人家卻偏偏看到了他的短處。只有在奉承中忍住陶醉，在失意中忍住羞辱，方能做個「寵辱不驚」的人。

寵辱不驚，榮辱皆忘，淡泊以明志，寧靜以致遠，這才是人生處世的最高境界。

三、忍耐成就一切：掌握忍讓的謀略

9. 勇於吃虧，目光長遠

　　為了總體目標，為了整體利益，我們要勇於吃小虧，善於吃小虧，吃小虧方能占大便宜。要善於以整體的、發展的眼光看問題，不要為小利而吃大虧。

　　我們不說「吃小虧占大便宜」是一種好的、或值得提倡的人生格言，或是什麼警世通律，我們也不去評價這樣一種為人方式究竟是屬於哪個階級、哪個時代、哪個國家、哪種文化，我們只是從客觀的角度說，一個人只要願意吃小虧、勇於吃小虧，不去事事占便宜、討好處，日後必有大「便宜」可得，也必成「正果」。相反，要想「占大便宜」，則必須能夠吃小虧，勇於吃小虧，這甚至可以說是一種規律。那種事事處處要占便宜的人、不願吃虧的人，到頭來反而會吃大虧。這也是為許多歷史經驗和先人後事所證明的。而這裡的「願吃小虧，勇於吃小虧」便需要有一種「忍」的態度。反言之，忍方才願意和勇於吃小虧，忍不住則必將一事無成。

　　人的一生無論從橫向，還是縱向，都是十分豐富多彩的。它可以有各式各樣的機會，也會面臨著種種的選擇。這裡，如果這些機會和選擇只是一種個人的事情，也許就好辦多了。但是現實往往不是如此，衝突、競爭，也時時伴隨著

9. 勇於吃虧，目光長遠

我們的每一次機會與選擇。對此，我們不可能事事爭，而不得不放棄一些無關宏旨的東西，也必須要對一些自己頗為喜歡，但是出於某些原因而不能為之的機會忍痛割愛。特別是在一些唾手可得的東西上，以及在一些自己本身完全具有競爭力和理由的機會中，我們也可能會由於某些因素而主動地讓予他人。一句話，我們不可能去獲得我們完全要的、應該獲得的所有利益，儘管它們本來的確是屬於我們的，而必須放棄，讓出自己的一部分權利和利益。

這並不是一種「小不忍則亂大謀」，而是一種更主動的人生智慧。因為，這種放棄、讓予、「吃小虧」，往往並不一定是為了達到某一個更高的目標，而常常是出於另一種原因，一種預測到、也了解到自己不可能獲得自己所有應該獲得的機會和利益的明智。既然如此，我們又何必煞費苦心地去爭、去比、去要呢？我們反正是要失去一些的，那麼，把這種必然性的東西駕馭在自己的主動權之下，豈不是更好嗎？這本身就已經是占了大便宜。因為不懂得這樣做的人，表面上看，可能爭上了他可能碰到的各種機會，但是實際上，由於他完全陷於已有的機會中，也就失去後來的各種機會的選擇。相反，能吃小虧的人則始終把這種主動權操在自己手中，儘管失去了一些機會，但是也無妨大事。

為了大目標，則世上沒有不能吃之虧，沒有不可忍之事。「吃虧」和「忍」，其實是實現總體目標的策略。

三、忍耐成就一切：掌握忍讓的謀略

10. 蓄勢隱忍，也需果斷出手

人們處於劣勢時會有求勝的謀略，然而沒有隱忍的功夫就會過早洩漏天機，不能在充分準備之後狠狠打擊對方。用心忍，下手狠，可達一招致勝之功。

漢初三傑，張良為冠。漢高祖劉邦曾說：「運籌帷幄中，決勝千里外，子房（張良別號）功也。」

單從「運籌帷幄，決勝千里」這些字面意義去理解，會誤以為張良對劉邦得天下的貢獻，主要在於軍事——不過一個高明的軍師而已。其實不是這樣，張良的謀略，是助劉邦取天下的，他是帝王之師，是開國之師。

蘇軾在〈留侯論〉一文中說到：

「觀夫高祖之所以勝，而項籍（羽）之所以敗者，在能忍與不能忍之間而已矣。項籍唯不能忍，是以百戰百勝而輕其鋒，高祖忍之，養其全鋒，而待其斃，此子房教之也。」

張良個人隱忍的本事，可以從他和圯上老人三次相會的故事中看出來。第一次巧遇老人，那老人要他去撿踢掉到橋下的鞋子，張良原本驚愕地想教訓老人，卻又忍氣，看他是個老人家，拾起鞋子，甚至隱忍到跪下一腿替老人穿上。老人去而復返，高興「孺子可教」，約張良五日後相見，又以

10. 蓄勢隱忍，也需果斷出手

張良遲到為由改期再試，終於授予子房太公兵法。

這個因為忍之功夫得到的奇遇，使張良終身不忘忍字訣，以教人律己。不過，張良的忍不是消極的，他的隱忍，是等待時機一擊搏殺。劉邦曾與項羽相約分兵入關，劉邦本來要用全力攻取嶢關，張良勸道：「秦兵尚強，不可輕。」讓劉邦暫時忍耐，不要硬拚。直到以重金買通秦將叛變，再趁士卒軍心不穩，一舉進兵奪關。張良在這場戰役中，開始的目的，是儲存實力，等到時機到來，乘勢取勝。

張良的這種「忍」是和「狠」相結合的，開始要硬得下心去「忍」，接下來要狠得下心去抓住戰機。古往今來，在政壇、生意場，哪有人不明白「忍」功的重要？但是說得容易，做到的很少，在緊要關頭，偏偏忍不住，小不忍則亂大謀。能忍得住，也能狠得下，那自然能穩操勝券了。

張良對於把握時機，因勢利導的功夫，也頗有心得。關鍵在於，張良忍到一定時機，能狠；另外的本事則在於一個「靜」字。張良的靜，正好符合老子的「致處極，守靜篤。」張良少私心、無謀私利之欲，所以不急功近利，寵辱不驚，能對大事冷靜合理地觀察判斷，看得遠，想得深；好比下棋，比對手多看到很多步以後的走勢變化，哪有不贏的道理。因為無私欲，才敢冒犯首領當前的喜怒，說服劉邦壓制取勝的衝動，等待最佳機會。

三、忍耐成就一切：掌握忍讓的謀略

單憑「忍」字，張良的運籌未必能達成目標，必須加上「靜」字，張良才會受劉邦重用、聽信，才能將帝王之道充分學以致用。或許過分強調忍與狠的功夫，不免讓人覺得張良是個城府深、心機陰險狠毒的人。這一點可用老子學說解釋，老子云：「弱者，道之用。」老子主張以弱守寡，是循機導勢的重要前提，是從自然與人生的行進道理中總結出來的。這種功夫，不僅僅是「術」的層次。弱者，道之用。能融會貫通這至深道理的人，必須涵養功夫達到「道」的境界，張良就是達到這種境界的高人。

所以劉邦信服張良，主要在於張良至誠無私。以至誠、無私之心做事待人，雖「忍」不陰；雖「狠」不毒。運用奇謀，因機乘勢。只讓人感嘆智計之巧妙，不致使人們有陰險狡詐的感覺，這裡面的學問，幻化無窮，但是基本精神，一脈相承。政壇、商場、對上、對下，全是一樣的道理。

「忍」更多的是為了等待時機。一旦時機成熟，積聚的能量就會噴發出來，一擊得手。

11. 剛柔並濟，兼具軟硬手段

我們在為人處世中提倡忍讓，但是「忍」並非軟弱可欺。我們善於軟硬兼施。該軟時軟，該硬時絕不退讓。

人生在世，待人接物，應當說更多的時候是軟的，所謂有話好說，遇事好商量，遇事讓人三分……等等，都是人們待人接物中常有的態度和常用方法。但不是所有的時候軟的手段都靈驗，有的人就是欺軟怕硬，敬酒不吃吃罰酒，好話聽不進，惡話倒可讓他清醒。這樣，強硬的態度與手段就成為必要。

到江州漁船上搶魚的李逵，全無道理，好話聽不進，硬是碰到浪裡白條張順。張順把他誘進水裡，水上的硬功夫，把一個鐵漢子黑旋風淹得死去活來，他才不敢冒失了，也才真正領教了逞強的苦頭。浪裡白條張順，也是軟的辦法用盡，才來硬的，並且用計把李逵引到水裡，讓他英雄無用武之地。這樣，張順才可以發揮自己的硬功夫。

就客觀情況而言，在人們的交際活動中，軟與硬的兩手是相輔相成、密不可分的。如果有所偏倚，自己便要吃虧。也就是一個人如果太軟，則易給人弱者的印象，覺得你好欺負，於是經常受到別人行為、言語、態度的戲弄與不恭。這

三、忍耐成就一切：掌握忍讓的謀略

種現象是普遍的，因為不可能指望人們修養都那麼好，公正無欺地待人，而恰恰相反的是，更多的人們總多少有點欺軟怕硬的毛病。因此，不可一味地軟。

當然，與人交際，也不可一味不轉彎地強硬。一個人太強必然使人覺得他頭上長角，渾身長刺，別人對他的態度是：「人狠了不逢，酒釅了不喝。」換句話說就是，人太狠我不惹你，惹不起你還不躲起嗎！這是一般時候的態度。到節骨眼上，別人忍無可忍，牆倒眾人推，如張順和眾多漁夫對付李逵，李逵的厄運就難逃了。那時的李逵在水中淹得死去活來，要不是宋江來得及時，再拖延幾口氣的工夫，只怕李逵就要被張順丟到江中餵魚了。

所以，為了生活平安，辦事順利，初入社會的人，或者過分軟弱，過分單純的人，務必要了解軟硬兩手的效用，心理有點軟硬兩手交替著用的謀略與隨機應變。

軟硬兼施，隨機應變，甚至在情場上，對自己所鍾愛的人，也要表現得靈活、果斷、態度鮮明。

在情人及夫妻之間，也須恰當地有軟硬兩手。吵架了，翻臉了，須有一方主動和解，撫慰對方，這是軟的。但如果是原則問題，感情危機，則必須堅持原則，慷慨陳詞，有勇氣責罵自己從心底愛著的人，並且不可讓步，這是硬的一手。嚴格地說，只有經得起摔打的愛情才是真實的，在原則

11. 剛柔並濟，兼具軟硬手段

上和稀泥，這不是勇者、智者和勝利者的心理狀態與行為風格。

所以，軟與硬，作為一種謀略，或者作為一種交際手段，無論何種場合，不可偏廢。從理論上講，軟，體現友善、修養、通情理；硬，體現尊嚴、原則和力量。作為軟硬謀略的兩個方面，存在的基礎應是真實與合理，否則，軟硬兼施便成了狡詐，雖得逞於一時，終究必吃大虧。

三、忍耐成就一切：掌握忍讓的謀略

12. 鋒芒顯現，塑造形象

「馬善受人騎，人善受人欺。」過於軟弱和老實的人，常常會成為別人欺負的對象，所以在必要時必須給對方以痛擊，讓別人知道你並不是好欺負的。

吃柿子撿軟的捏，生活中一些蠻橫霸道的惡人之所以能得意一時，就因為社會上老實人太多。他們作威作福、發火生氣往往找那些軟弱善良者，因為他們清楚，這樣做並不會招致什麼值得憂慮的後果。在我們身邊的環境裡，到處都有這樣的受氣者，他們看起來軟弱可欺，最終也必然為人所欺。一個人的軟弱事實上助長和縱容了別人侵犯你的欲望。

人是應該有一點鋒芒的，雖然不必像刺蝟那樣全副武裝，渾身帶刺，至少也要讓那些蠻橫霸道的惡人感到無從下手，得不償失。

樹立一個不好惹的形象，是確保自己不受欺侮的一條很重要的處世技巧。這個形象在隨時提醒那些惡人，招惹我是要承擔後果並付出代價的。

在社會中生存，事實上，只要你表現出你是一個不受欺侮的人，你就能夠做到不受氣。也許你不必處處睚眥必報，只要你能抓住一兩件事，大做文章，讓冒犯者品嘗到你的厲

12. 鋒芒顯現，塑造形象

害，你就立刻能收到一種「殺雞給猴看」的效果，起到某種普遍性的威脅作用。這就好像是原子彈的發明，除了在「二戰」中牛刀小試外，沒有在戰後的任何一次戰爭中使用過，但是它的威脅卻是有目共睹的，只要你擁有了原子彈，你即便不去使用它，也會對別人產生震懾作用。

哪些形象最不易受欺侮呢？這裡不妨略舉一二：

其一，潑辣的形象。所謂的潑辣，便是敢說別人不好意思說出口的話，敢做別人不好意思表現的舉動。誰敢讓他受氣，誰當面就會下不了臺。他敢哭敢鬧、敢拚敢罵，口才好，所以，很少有人敢引火燒身，自討沒趣。

其二，實力派形象。塑造實力派形象就是要你在平時就要注意展示你雄厚的力量，比如，令人可慕的專業本領、廣泛的人際關係等，這些都會在周圍的人群中造成一種印象，即，你是一個能量巨大的人，不發威則已，一旦發威則後果難當。所以，人們一般不敢招惹這類人物，持有這種形象的人也很少受氣。

總而言之，樹立一個不好惹、不受氣的形象是很重要的，有了這個形象，就好比是種下了一棵大樹，從此，你便可以在樹蔭下納涼了。

人應該有一點鋒芒，雖不必像刺蝟一樣全副武裝，渾身帶刺，也至少讓那些「凶猛的動物」無從下口。

三、忍耐成就一切：掌握忍讓的謀略

13. 果敢反抗，不縱容欺凌

如果面對恃強凌弱者，放棄反抗，逆來順受，忍氣吞聲，只會使對方得寸進尺。只有勇於反抗，勇於鬥爭，才能使自己成為強者。

人類社會跟動物界相似，時有「弱肉強食」的現象產生，一類人總愛處處占別人的便宜，凌駕於弱者之上；而另一類人就是所謂的「受氣包」，很自然地成了前者嘴裡的肉。

須知，世界上沒有天生的「受氣包」。那些經常成為眾人發洩對象的人，之所以在不受氣的道路上邁不開步伐，往往是因為他們首先用自己的左腳踩住了右腳。他們從未做過一件自己想做，但是又不敢做的事，他們在第一次受氣時，就放棄了反抗的企圖，這個行為的反覆便會形成一種心理定勢和社會交往模式，即，你覺得自己可以忍受這種逆來順受的生活了，而別人則認為你就應該逆來順受。因此，你所受過的氣越多，你就越可能受更多的氣。

如何突破這種惡性循環呢？那就是要勇敢打破第一次，真正地反抗一次，讓施氣者了解到你並不是天生就該受別人氣的。

許多人選擇了忍氣吞聲的生存方式，往往是由於他們患

13. 果敢反抗，不縱容欺凌

得患失，怕這怕那，自己在主觀上嚇倒了自己。而無數的事實證明，挺身而出，捍衛自己的正當權益其實是再自然不過的事了，跨過這道門檻，你會發現，沒有什麼大不了的，卸掉了精神包袱，你反而會活得更加自在。

不敢做第一次反抗，就不會有第二次反抗，因為你永遠不知道新世界的滋味有多麼好。而有了第一次的反抗，嘗到了其中的美妙，你自然就有動力去做更多次的反抗。久而久之，你就會修正你的心理模式和社會交往方式，由一個甘心受氣、只能受氣的人，變成了一個不願受氣也不會受氣的人。有這樣一則故事，對我們就很有啟發意義。

某大學的一個班級裡，有一位學生比較膽小怕事，遇事過分忍讓，因此，雖然班上絕大多數同學對他並無惡意，但是在不知不覺中，總是把他當作是一個理所當然的應該犧牲個人利益的人，看電影時他的票被別人拿走、春遊時他被分配到幫忙看包包的任務……但是在實際上，他心裡非常渴望與別人一樣，得到屬於自己的那份利益和歡樂。

由於他的軟弱和極度的忍耐，這種事情一直持續了很久。但是終於有一天，他忍無可忍了，一向木訥的他爆發了，原來一場十分精彩的演出又沒有他的票。他臉色鐵青，雷霆萬鈞，激動的聲音使所有人都驚呆了。雖然那場演出的票很少，但是這位同學還是在眾目睽睽之下拿走了兩張票，

三、忍耐成就一切：掌握忍讓的謀略

摔門而去。大家在驚訝之餘似乎也領悟到了什麼。但是不管怎麼說，在後來的日子裡，大家對他的態度似乎好多了，再沒有人敢未經他的同意便輕易地拿走他的什麼東西了。換句話說，由於他突破了第一次，他已經由受氣者變成了一個不再受氣的人。

四、內正外圓：處世之道

四、內正外圓：處世之道

1. 方正，做人的原則

　　方，即正也。就是說做人要正直、高尚、誠實，行得直，走得端，襟懷坦蕩，光明磊落，此乃做人之根本。

　　先賢教導我們：做人要襟懷磊落，光明正大。這就是「方」的本質。由此而衍生出來的意義就是正直、高尚、端方、誠實等等。

　　我們從小在家庭、學校受的教育，都是做人要善良、正直，但是當我們出社會後，卻發現世態炎涼，人情冷暖，我們純真的夢想開始在現實無情的牆壁前碰得粉碎，於是我們猶疑、徬徨，懷疑我們所接受的思想，懷疑做人之方是不是一種傻氣。

　　無論現實中發生了什麼，但是「方」始終是做人之本，是堂堂正正做人的精神脊梁。這個世界上最受歡迎、最受愛戴的那些人物無不是具有「方」之靈魂。武俠小說之所以備受歡迎，其中一個重要原因，也正在於它歌頌了一種俠義精神，大丈夫有所不為，有所必為。沒有「方」之靈魂的人，有悖於社會倫理，只會遭到大眾的唾棄，永遠無法取得最輝煌的成功。當然，一個人僅僅依靠「方」是不夠的，還需要有「圓」的包裹，需要掌握為人處世、辦事說話等技巧，才能無往不勝。

1. 方正，做人的原則

但是單純的技巧是低階的，一本書如果只是一味地宣揚技巧，而不激勵人的品格，這本書是低階的；一個人如果只是盲目地學習技巧，而不去努力昇華品格，這個人也是低階的。我們不能為技巧而技巧，學習技巧的目的既是為了掌握方法，更是為了昇華品格。

說到底，方，就是一種高尚的品格，是一種偉岸的氣節，是一種不沉溺於流俗的精神。

人的外在是內在的一種反映。內心沒有的東西，外表就無法顯露；內心有了，外在自然而然就能表現出來。人的心靈傑出，行為才可能傑出，人的氣質自然而然就能表現出來；人的內心美好，氣質才會美好。人的氣質、能力在相當程度上正是由人的內在品格決定。正如軍隊，做參謀的，只需要有計謀，但是有決定權的司令官，卻要有威望、魄力，具備優秀的品格。對人生而言，技巧只是方法和手段，而決定人生成敗的卻是品格。

偉人之所以成為偉人，他們與凡人並無多大差別，有差別的只是他們具備偉人的品格。李白說：「天生我材必有用。」這個「材」，不是才華，而是品格。一個具備優秀品格的人，無論在何種環境、條件下，都最終會超越他的同類，環境、條件只能制約成功的大小，但是絕無法阻止他最終取得成功。

四、內正外圓：處世之道

　　一個人要做出一番事業，要真正懂得為人處世，要取得生活快樂，最重要的，就是首先要具備優秀的品格。實際上我們誰不嚮往品格優秀呢？我們都想氣質美好，都想富有魅力，都想心理成熟，而這些在相當程度上卻是由品格決定的，是由潛藏於我們內心深處的「方正」來決定的。

　　參天大樹，離開了「根」和「本」，就會轟然倒下；做人，如果放棄了方正的根本，必然一無所成。

2. 圓融，處世法則

「圓」即「圓融」。就是說為人處世不能過於有稜有角，否則與人碰撞傷己傷人；而要善於運用處世的方法謀略，以期八面玲瓏，左右逢源。

什麼是圓？圓不是「圓滑」，它是根基於「方」的處世的技巧、方法和謀略，即，左右逢源的處世之道。

有位歌手曾參加比賽，獲得第三名。在比賽期間，記者提了一個刁鑽的問題：「你讀書時成績不好，你是否很笨？」這個問題的確棘手，但是這位歌手的回答卻發人深思。他說：「你們注意到沒有，讀書時成績一流的人畢業後做什麼？可能當工程師、律師、醫生；而成績二流的做什麼呢？他們中很多人卻當了那些工程師、律師、醫生的老闆。」

我們不妨觀察一下周圍的人。那些成功的經理、廠長，甚至專業性很強的工程師、律師、醫生，他們的成功，是否因為他們的專業技術都是最好的呢？答案是否定的。他們的成功，往往在相當程度上是因為他們善於為人處世，會有效說話、推銷自己。也就是說，他們熟練地掌握了「圓」的藝術。正如幸福的家庭並不一定是妻子貌美如花，丈夫英俊瀟灑，幸福的家庭正在於雙方彼此尊重體諒，關係融洽和諧。

四、內正外圓：處世之道

比如你對鄰居說：「我家有一盆花，你幫我修剪一下吧？」對方一定會要你滾到一邊去：「哼，要我替你做事。」但是如果你換一種說法：「我發現你家的花修剪得特別漂亮，你在這方面造詣很高。哎，我家有一盆花，你能不能教教我，怎麼剪才漂亮？」對方一定就會高高興興地幫你剪花了。同樣一件事情，說話的方法不同，導致的結果就截然不同。這就是技巧的作用。

這就是「圓」的功效。

1924 年，美國哈佛大學教授團在芝加哥某廠做「如何提高生產率」的實驗時，首次發現人際關係才是提高工作效率的關鍵所在，由此提出「人際關係」一詞。自此以後，人們普遍認為個人的事業成功、家庭幸福、生活快樂，都與人際關係有著密切關聯，待人接物能不能「圓」，直接關係著我們的事業成功與否、家庭幸福與否、生活快樂與否。處世圓融，懂得人際關係的技巧，能使我們在與人交往中如魚得水，是每個人在現實世界中打拚、奮爭的有力武器。所以，追求人生成功者，「圓」之道，不可不知，不可不察，不可不用！

3. 方圓轉換，常保新鮮

天圓地方，無行健，君子以自強不息；地勢坤，君子以厚德載物。可見，方圓處世的謀略，乃是則天法地的大智慧，順應了天地萬物生生不息的大規律。

方、圓是中華文化中常見的一對概念，其含義因討論的對象不同，以及論述的層次、角度不同而有所區別。一般地說，「圓」有動態、整體、圓滿、靈活性等含義，「方」則相對地具有靜態、部分、規則、原則性等含義。

從動、靜的角度講，圓為動、方為靜。

古人認為，天圓地方，天動地靜，並由此引申出圓動方靜的含義。《易經》研究中討論六十四卦，有「方圖」和「圓圖」，方圖和圓圖結合起來，就可以用來分析和解決時間和空間上的各種問題。

從整體與部分的角度講，圓為整體，為事物的全部可能性、多樣性；方為個體，為事物的某一方面、某一區域性。所有的「方」結合起來，就構成了一個「圓」。

從體和用的角度講，圓為事物的體，即本質，是抽象的，混一的；方為事物的用，即現象和應用，是具體的，分化的。

四、內正外圓：處世之道

從靈活與原則的角度講，圓為靈活性，為隨機應變，為具體問題分析；方為原則性，為堅守一定之規，為以不變應萬變。

古人說：「智欲圓而行欲方。」意思是說人的智慧要圓融無礙。不僅要看到事物靜止的、不變的一面，還要看到事物運動的、發展的一面；不僅要看到各個不同事物的個性和區域性的狀況，還要看到事物的整體和共性；不僅要看到事物的具體現象和應用，還要看到事物的本質；不僅能夠堅守原則，以不變應萬變，而且要有高度的靈活性，具體分析此時、此地、此人的具體情況，以求得最佳的解決方式。這是從「智圓」的角度來講。

從行為上講，人的智慧雖然應圓融無礙，但是在具體的作為上卻不能模稜兩可。也就是說，做人必須遵守一定的法度和規則，以便立足於社會之中，這就是「行欲方」的含義。所以說，方是做人的脊梁。

人生其實處於一場「方」與「圓」的辯證運動之中，該方時則須方，該圓時則須圓，方圓互生互變不窮如天地。

4. 方圓相輔，得心應手

「方」是做人之本，是堂堂正正做人的脊梁，「圓」是處世之道，是妥妥當當處世的錦囊妙計，只有內方外圓才是為人處世之最高境界。

「方」，方方正正，有稜有角，指一個人做人、做事有自己的主張和原則，不被人所左右。「圓」，圓滑世故，指一個人做人、做事態度不鮮明，八面玲瓏，永遠讓人思索不透。

外圓內方之人，有忍的精神，有讓的胸懷，有糊塗的智慧，有瘋傻的清醒，有臉上掛著笑的哭，有表面看是錯的對……

商界有鉅富，官場有首腦，世外有高人，情場有老手。他們的成功要訣就是精通了何時何事可「方」，何時何事可「圓」的為人處世技巧。

「方」是做人之本，是堂堂正正做人的脊梁。人僅僅依靠「方」是不夠的，還需要有「圓」的包裹，無論是在商界、官場，還是交友、情愛、為職等等，都需要掌握「方圓」的技巧，才能無往不勝。

「圓」是處世之道，是妥妥當當處世的錦囊。現實生活

四、內正外圓：處世之道

中,在學校成績一流的,進入社會卻成了打工的;在學校成績二流的,進入社會卻當了老闆。為什麼呢?就是因為成績一流的同學,過分專心於專業知識,忽略了做人的「圓」;而成績二流,甚至三流的同學卻在與人交往中掌握了處世的原則。正如卡內基(Carnegie)所說:「一個人的成功,只有15%是依靠專業技術,而85%卻要依靠人際交往、有效說話等軟科學本領。」

有方無圓,則性情太剛,太剛則易折,在現實生活中經常憤世嫉俗,牢騷滿腹,自命不凡卻又處處碰壁;遇挫折缺少變通,很容易歇斯底里,自暴自棄,將自己推向極端。有圓無方,則謂之太柔。太柔之人缺筋骨,乏魄力,少大志,在生活中難以有大作為。所以方圓相生才是為人處世之本。

總之,人生在世只要運用「方圓」之道,必能無往不勝,所向披靡;無論是趨進,還是退止,都能泰然自若,不為世人的眼光和評論所左右。

真正的「方圓」人是大智慧與大容忍的結合體,有勇猛鬥士的武力,有沉靜蘊慧的平和。真正的「方圓」人能承受大喜悅與大悲哀的突然發難。真正的「方圓」人,行動時幹練、迅捷,不為感情所左右;退避時,能審時度勢,全身而退,而且能抓住最佳機會東山再起。真正的「方圓」人,沒有失敗,只有沉默,是面對挫折與逆境時積蓄力量的沉默。

4. 方圓相輔，得心應手

人生不能沒有方，但是不可太迂；人生不能沒有圓，但是不可太滑。如何「方」有度，「圓」有限，完全「存乎一心」。

四、內正外圓：處世之道

5. 方正為本，圓融靈活

人的智慧應當圓融無礙，但是人生活在具體的社會歷史環境之中，在語言和行為上，卻不能沒有原則和規則，不能模稜兩可。

如果只「圓」不「方」，忘記了「方」的根本，從大的方面講，就不能確立社會的法令和正確的思想觀念；從小的方面講，個人也不能在社會上真正站立起來。

在傳統文化中，相比較而言，儒家主要講規矩、法則、禮儀、應用，是「方」的；道家則主要講自然、無為，講形式上的本體，是「圓」的。比如，儒家講究立名，提倡仁、義、禮、智、信五德，提倡君臣、父子、夫婦、兄弟之間的五倫，作為社會和人與人之間相互關係的準則。而道家則提出「絕聖棄智」、「絕仁棄義」，反對仁、義、禮、智、信的立名，反對儒家提倡禮教。

從事物的「體」即本質層面上講，世界上本無絕對的美、醜、善、惡，沒有絕對的仁、義、禮、智、慈、孝、忠、恕。一切都是人為製造出來的觀念。而什麼是美與醜，什麼是善與惡，什麼是仁義禮智，不同的國家、不同的民族、不同的時代有著不同的標準和答案。因此，從「智圓」

5. 方正為本，圓融靈活

的角度講，一家的觀點是圓的；而另一家的觀點則認為是方的。

然而，從古到今，任何一個國家、民族，都有自己具體的善惡、美醜的觀念，並在此基礎上建立自己的道德觀念，法律制度和文化思想，立規矩以成方圓。

一個國家有自己的法律制度；一個軍隊有自己的紀律條令；一個企業有自己的規章制度；一個家庭有自己的規矩習慣；一個人有自己的主張和原則——這些都是「方」。這種「方」，猶如一座大廈的鋼筋水泥結構和一個人身體的骨骼，是大廈和身體賴以存在、支撐和站立的基礎，這是從體和用的角度講「有圓無方則不立」。

從靈活性與原則性的角度講，一個人辦事時，只有圓，沒有方，處處「打太極拳」，說話態度不鮮明，讓人摸不著頭緒，模稜兩可；行為上不果斷，猶猶豫豫，則讓人覺得過於圓滑，沒有個性，或缺少魄力，很難得到別人的真正尊敬，同時也很難真正在社會上成就一番事業。

若「方」如「剛」，則「圓」為「柔」。萬事過剛則易折，過柔則難以成形。唯有方圓相得，才能生生不息。

四、內正外圓：處世之道

6. 圓中有方，堅守原則

圓中有方，即不忘原則，方外有圓，即要靈活應變；方圓結合，才能在為人處世中遊刃有餘。

圓中容方，從整體與部分、共性與個性的角度講，是指不同物質和個性的個體和諧共存，允許在遵守共同規則的前提下發展個性。比如當今的世界，講多元文化共同存在，共同發展。各民族、各個國家的文化是方，所有的方合起來就是一個圓，是整個人類文化的整體。不同民族、國家的文化互相尊重，互相學習和容納，猶如不同個性的人互相尊重與和睦相處。

從人生的原則性和靈活性上講，圓中容方是指特定條件下的一種處世方法。尤其是在亂世、困境、險境之中，人不能事行直道，不得不小心謹慎，講究權變。有時為了大的原則、大的利益而不得已犧牲或違背小的原則、小的利益。比如《論語》中孔子對管仲的評價。

管仲原來是輔佐公子糾的。公子糾和齊桓公是兄弟，也是政敵。齊桓公殺了公子糾，管仲不但沒有為公子糾殉死，反而當了齊桓公的宰相。有人說管仲不仁，孔子說，管仲這

6. 圓中有方，堅守原則

個人是很了不起的。他幫助齊桓公九合諸侯，沒有使用武力，使天下得到了安定，老百姓如今還受到他的恩惠。如果沒有管仲，我們今天很可能都成了野蠻人了。他為天下和國家做出了這麼大的貢獻，不是一個只知道自己上吊，倒在水溝裡默默無聞、白白死去的普通老百姓所能比的。

管仲為齊桓公做事，對公子糾來說是不忠、不仁、不義，從個人處世的角度講是圓而不方。但是，他為天下國家做出了貢獻，為天下百姓盡了大忠、大仁、大義，可以說是圓中有方，沒有違背天下的大義、大原則。所以孔子不但沒有否定他，還充分肯定了他的偉大功績。

「圓中容方」的另一個例子是馮道。

在唐、宋之間，五胡亂中華的幾十年間，都是胡人統治。五個朝代，都請馮道出來做官，而他對每個君主都表現出忠心。可見他「圓」到了極點。對馮道的這種行為，歐陽修罵他無恥，認為他替胡人做事，沒有節氣。而同時代的王安石、蘇東坡等人卻認為他了不起，是「菩薩位中人」。

馮道的一生，可謂是「圓中容方，不忘大原則」。儘管他在胡人統治的朝廷為官，但是他本人的生活卻十分嚴謹，即不貪財，也不好色。在他的謹慎和圓滑中，他始終堅守著自己的人生大原則。他認為在當時的歷史背景下，最重要的

四、內正外圓：處世之道

是保有中華文化的精神和中華民族的命脈，以待國家出現真正的君主。他死後很多年，才出現了宋太祖趙匡胤，建立了大宋王朝。

方，是原則性；圓，是靈活性。辦任何事，只有將原則性和靈活性很好地結合起來，事情才辦得好。

7. 用卓越志向彰顯「方」

「方」是一種鍥而不捨的內在修養。所以，當我們講到「方」時，一般指的是「內方」。「內」就是我們的內心世界，我們的心志。

要想成就一番**轟轟**烈烈的事業，首先要立下卓爾不群的奇志，立志做一番不同尋常的事業。立下堅定的志向，是內方的根本，也才算抓住了人生的根本。

對此，先賢們早已有灼灼之談：

曾國藩說：「有志則不甘為下流」、「人才以志氣為根本」。謝良佐曾說：「人須先立志，立志則有根本。譬如樹木，須先有根本，然後培養，方成合抱之木。」

世人常常開口說「志氣」，閉口講「志向」；說志氣、立志是做人的根本，也是做人的力量；講志向、立志是做人的目標，也是做人的道理。立志做大人，就會以聖賢為業；立志做大事，就會以英雄豪傑為業；立志於富貴，就會以名利為業；立志於小人，就以衣食為業。

王陽明說：「志不立，天下無可成之事。雖百工技藝，無有不本於志者。今學者曠廢隳惰，而百無所成，皆由志之未立耳。故立志而聖則聖矣，立志而賢則賢矣。志不立，如

四、內正外圓：處世之道

無舵之舟，無銜之馬，飄蕩奔逸，終亦何所抵乎！」

唯有立了志，才能做到真正的「方」。立了志，不變移，不動搖，總會有成就的。從來沒有不立志而有成就的人。做人唯有立志，立天下第一等大志，立志以天下為己任，才能成大器。

作為人來說，生存在這個世界上，就要有理想，有抱負，有目標，不可糊塗一生。理想與目標就是人生的志向，就是內心的方正。

張橫渠的名言是：「為天地立心，為生民立命，為往聖繼絕學，為萬世開太平。」禪宗六祖的名言是：「眾生無邊誓願度，煩惱無盡誓願斷，法門無量誓願學，佛道無上誓願成。」

這是他們做人的志向和抱負，也是他們做人的理想與目標。這裡面有不隨俗流的氣概，有誓作人傑的大方大正。

曾國藩講述君子立志之道，說：「君子之立志也，有民胞物與之量，有內聖外王之業，而後不忝於所生，不愧為天地的完人。故其為憂也，以不如舜，不如周公為憂也；以德不修，學不講為憂也；是故頑民梗化則憂之，蠻夷猾夏則憂之，小人在位賢才否閒則憂之，匹夫匹婦不被己澤則憂之，所謂悲天命而憫人窮，此君子之所憂也。若夫一身之屈伸，一家之飢飽，世俗之榮耀得失、貴賤譭譽，君子固不暇憂及此也。」

7. 用卓越志向彰顯「方」

　　這些都是我們朝夕不可忘的警言，也是做人「內要方」的根本。

　　古人云：「澤無水，困，君子以致命遂志。」這句話就是說，君子處在困境中，也要積極實現志願，以生命相終始，身可死，而志不可奪，雖困境仍不氣餒。所以蘇軾說：「古之立大事者，不唯有超世之才，必有堅忍不拔之志。」

　　無大志的人，內心沒有大「方」的人，絕不能創大業成大事。做什麼事先要立定志向，立了志事就能成。立下大志後，尤其要有堅忍不拔、不惜以生命相搏的氣概。正如朱熹所說：「立志不堅，終不濟事。」做人若能守得住志氣，奮揚志氣，又有什麼事不可及，什麼事不可做呢？有志而事不成，只在於立志不堅定，中途遇阻攔就放棄了。所以拿破崙（Napoleon）說：「真正的才智，就是剛毅堅忍的志力。」

　　古代的哲士說：「貧莫貧於無才，賤莫賤於無志。」人的貧賤是可轉化的，有志者就能轉化，無志者就沒那麼容易了。嵇康說：「無志者，非人也。」人要想立命，而無其志，就是聖人也無可奈何，佛祖也無可奈何，上帝也無可奈何。因此孔子說：「三軍可奪帥也，匹夫不可奪志也。」

　　我們要想改變人生、創造人生，完全在於從立志的根本點做起。曾國藩曾經說：「人的氣質由於天生，極難改變。欲求改變之方，總須先立堅卓之志。」意志決定之後，就要

四、內正外圓：處世之道

努力不懈地履行其志,堅持其志,涵育其志,那麼,我們就會得天地間方正之大氣,久之自然會日新月異,別有天地。

有志者事竟成,立大志才能成大器。三軍可奪帥,匹夫不可奪志。

8. 用自信展現「方」

　　自信自有沖天力，捨此便為地獄門。人的潛力的挖掘、個性的張揚、人格魅力的展示，都是靠充分的自信逐漸彰顯出來的。確信天生我材必有用，你定會創造一片屬於你的燦爛天地。

　　來自我們靈魂深處的「方」，更是堅定不移的自信心的極致張揚。

　　方正來源於無比的自信；大事大業，成功於「捨我其誰」的自信！

　　「古之立大事者」沒有一個是缺乏信心的懦夫之輩。秦皇漢武、唐宗宋祖，都充分表現出天之驕子的自信。李賀對秦王那不可一世的氣魄作詩云：「秦王騎虎遊八極，劍光照空天自碧。」

　　要擁有自信，必須提高自我評價，正確了解自我。李白在《將進酒》中寫道：「天生我材必有用。」即是說，我能生臨人世間，必定是人世間需要我，我能發揮出對人世有益的作用，甚至能做出一定的貢獻。

　　有的人在一帆風順的條件下，慷慨陳詞，信心百倍，可是一遇到逆境便萎靡不振，如霜打秋荷一般。須知：「戰勝

四、內正外圓：處世之道

自卑和怯懦，是對事業的最好祝福。」在逆境中，不但需要「手提智慧劍，身披忍辱甲」，也需要有自信，更需要勵精圖治。

能夠成就大事業的人，永遠是那些信任自己見解的人，勇於想人之所不敢想、為人之所不敢為的人；永遠是那些不怕孤立的人，勇敢而有創造力的人。至於那些沉迷於卑微信念的人，不敢抬頭追求優越的人，自然是老死窗下，飲恨歿世。

普通平凡的人，因為他們沒有發覺到自己沉睡著的「神聖潛能」，不能把潛能喚起，從而失去了成為英雄豪傑的自信力，而安然於普通平凡之中。英雄豪傑之士就有所不同，他們有超人的志向，遠大的理想，崇高的目標，勇敢的意志，堅定的信心，昂首闊步，永遠向前，永遠向上，不屈不撓地堅持和彰顯著自己的生命力，從而創造出無限的偉大的奇蹟來。

有自信心的人，可以化渺小為偉大，化平凡為神聖。人生中的堅忍、進取、勇敢、耐心、恆心、克服困難、戰勝危險等等一切「內方」的美德，都產生於自信心。有人說過：「自信是成功之祖。自信會增強才能，使精力加倍旺盛，支持心能，增強力量。同時也使生命中許多美德得到發揚，提起了中心指導力。」

8. 用自信展現「方」

　　人放棄了信心，那麼他的內心就無「方」可言，他就會成為一個世俗沉浮的庸碌之物，也就等於放下了手中的武器，而甘心選擇失敗。信心就是相信自己的理想，自信就是相信自己的能力，從而達到自己的理想。

　　信心，就是把有限生命中的脆弱性與無限生命中的堅強性，緊緊揉合在一起，從而產生一種內在的無比巨大的力量，如此，我們就可以不停地走下去，一直達到自己理想的目的地為終止。有了自信心，就有了戰勝困難的勇氣；有了自信心，才能在最佳心態下，從事前人沒有從事過的偉大事業。所以，欲「內方」，必須「自信」！

　　人無自信，則無以自立。自信是人生自立的精神脊梁，也是方圓處世的第一要則。

四、內正外圓：處世之道

9. 用高尚品格維護「方」

　　塵世中，有很多人為了某種私利，以犧牲人格和尊嚴為代價，實質上，他們玷汙了「方」，喪失了做人的根本，這種蠅營苟且之德，為人不齒。

　　方，更體現在對自我人格的珍惜和尊嚴的維護上。維護人格和尊嚴，首先要做到自愛。

　　自愛，就是愛惜自己的人格，愛護自己的名節。守住了名節則人格在，人格在則「方」在，做人之根本在。

　　自尊自重的人，必然能自愛。自尊自愛的人，絕不會自輕自賤、自暴自棄。懂得自愛的人就能自全。愛護自己的身體，就能完整自己的身體；愛護自己的德行，就能修養自己的德行；愛護自己的心神，就能養護自己的心神。

　　古人常說：「名節不虧。」要做到名節不虧，就需要自愛。莊子說：「聖人休休焉則平易矣，平易則恬淡矣，平易恬淡，則憂患不能入，邪氣不能襲，故其德全而神不虧。」這裡所說的完全是自愛自全的道理。顏子一竹筒飯，一瓢水，以經典枕臥而睡，悠閒自樂。不懂得自愛的人是不能做到的！

　　有首詩寫道：

9. 用高尚品格維護「方」

「露滴紅蘭玉滿畦，閒拖象屐到峰西。但令心似蓮花潔，何必身將槁木齊。古塹細香紅雲者，半峰殘雪白猿啼。雖然不是桃源洞，春至桃花亦滿溪。」

這就是自愛。能自愛，而心中自然別有一番天地。也就是：「吾心中自有世界，世界全在吾心中！」

自然界萬千植物都有幸被文人所讚美，甚至渺小如草也得到垂青，但是唯有浮萍卻只用來作貶義的形容。這正反應了人的好惡：討厭那些搖擺不定、隨波逐流，而無人格尊嚴可言的人。

一個人有靈活性是聰明，但是靈活要有一定的限度。做人如果沒有人生準則，那麼給人的感覺勢必就是沒有個性、缺乏魄力，甚至是「軟骨頭」。要做一個真正的人，要得到別人的尊重，甚至要成功地與人交往，要取得生活成功，做人就必須有準則。而人生準則中一個很重要的部分就是要維護人格尊嚴。

生活中常有這樣的體驗：有些人，雖然有錢、有地位，但是一眼看去就覺得不必重視；而有些人，雖然沒錢，但是短暫的接觸，卻讓你感到不能輕侮。這後一類人正在於他們自尊自愛，看重自己的人格尊嚴。實際上維護人格尊嚴，就是維護自己做人的權利，就是尊重自己；連人格尊嚴都可以放棄的人，就是不把自己當人，也就是自己貶低自己。一個

四、內正外圓：處世之道

人如果自己都不尊重自己，別人又怎麼會尊重他呢？

我們可以寄人籬下，可以求人，也可以迎合人，甚至聰明人有時還會想辦法讓別人覺得他比自己聰明。但是在做這一切時，必須注意不能讓人因此而瞧不起。我們要讓他感覺到我們心中有「方」，我們擁有自己的尊嚴，讓他覺得我們有分量，這樣他才會尊重我們。

如果有兩個人用同樣的方式去讚揚一個人，那麼，兩人中地位較高的人的讚揚，對方一定更為看重。我們在別人心目中的地位，往往決定了我們在與他人交往中的分量。而這種心目中的地位，一方面固然是由我們的實際地位決定的，但是另一方面，也要看我們給他的感覺如何。注重維護人格尊嚴的人，表現出的是自尊自重、不隱瞞自己，心中自有「大方」在，也就往往容易讓人尊敬，給人良好的感覺，別人在與你交往處事的過程中，就會尊重你的人格，維護你的尊嚴。

為「方」之道，貴在人格。貴在守志保節，貧賤不移，富貴不淫。無人格則無「方」、無尊嚴。

10. 用不屈意志堅持「方」

百折不撓的精神和堅忍不拔的意志，是「內方」極為重要的內在要素，只有不畏艱險，披荊斬棘，勇往直前，才能攀上成功的頂點。

「內方」，還表現為堅忍不拔的意志和百折不撓的精神。這是「方」的一個極其重要的方面。倘若一個人喪失了「方」的這一面，那麼，他們在困難和挫折面前就會不堪一擊，就很容易被壓得既扁又平，他們的成功很顯然是極其渺茫的。

1832年，美國有一個人和大家一起失業了。他很傷心，但是他下定決心改行從政，當個政治家，當個州議員。糟糕的是，他競選失敗了。一年遭受兩次打擊，這對他來說，痛苦是接踵而至了。

他著手創辦自己的公司，可是，不到一年，這家公司倒閉了。此後17年的時間裡，他不得不為償還債務而到處奔波，歷盡磨難。

他再次參加競選州議員，這一次他當選了，他內心升起一絲希望，認定生活有了轉機：「我也許可以成功了！」

第二年，即1851年，他與一位美麗的女生訂婚。沒料到，離結婚日期還有幾個月的時候，未婚妻卻不幸去世。這

四、內正外圓：處世之道

對他的精神打擊太大了，他心力交瘁，數月臥床不起，因此患上了精神衰弱症。

1852年，他覺得身體康復過來，於是決定競選美國國會議員，仍然名落孫山。

一次次嘗試，一次次失敗，你在求人辦事時碰到這種情況，會不會萬念俱灰，放棄新的嘗試？

但是他沒有放棄嘗試，他沒有自問：「失敗了怎麼辦？」1856年，他再度競選國會議員，他認為爭取自己作為國會議員的表現是出色的，相信選民會繼續選舉他。可是，出乎意料，他又落選了。

為了賺回競選中花的一大筆錢，他向州政府申請擔任本州的土地官員。州政府退回了他的申請報告，上面的批文是：「本州的官員要求具備卓越的才能、超常的智慧，你的申請未能滿足這些要求。」

接連兩次失敗並未使他服輸。過了兩年，他競選美國參議員，還是未能如願。

在他一生經歷的11次較大事件當中，只成功了兩次。然後又是一連串的碰壁。可是他始終沒有停止自己的追求，他一直在做自己生活的主宰。1860年，他當選為美國總統。

他，就是後來在美國歷史上建立豐功偉業的亞伯拉罕·林肯（Abraham Lincoln）。

10. 用不屈意志堅持「方」

這位美國歷史上最偉大的總統，他那瘦長的身軀裡包裹著一種百折不撓的「方」——鍥而不捨，不達目的誓不罷休的毅力。

林肯在屢遭失敗後，如果他放棄了嘗試，美國歷史就要重新改寫了。然而，面對艱難、不幸和挫折，他沒有動搖，沒有沮喪，他堅持著、奮鬥著。他根本沒有想過放棄努力。他不願在失敗之後放棄。

對於那些自信而不介意暫時失敗的人，沒有所謂失敗；對於懷著百折不撓的意志的人，沒有所謂失敗；對於別人放棄，他卻堅韌，別人後退，他卻前進的人，沒有所謂失敗；對於每次跌倒卻能立刻站起來，每次墜地反而像皮球那樣跳得更高的人，沒有所謂失敗——對於那些靈魂深處有著不屈不撓的「方」的人，沒有所謂失敗！

人生不如意者十之八九。堅強者鍥而不捨，最終稱意。懦弱者心灰意懶，一生失意。

四、內正外圓：處世之道

11. 有氣度才能做到「圓」

圓的特性是包容，所以，圓的修養功夫，其第一要義便在於恢宏，能夠囊括天下的大氣度和大氣量。沒有氣度和氣量的人，便很難在為人處世中真正達到圓的境界。

大凡善於培養自己浩然之氣的人，自然有他浩然之氣的氣質、氣度、氣魄、氣節、氣象。氣象大，氣度自然大；氣度大，氣魄自然恢宏。凡是具備天地氣象的人，就是聖人的氣象；難養成這種氣象，聖人就難以產生。一個人如果容不得人，容不得物，容不得世，怎麼能開物成務，創業立功？有容量，便是氣度。氣度蓋人，才能容人；氣度蓋物，才能容物；氣度蓋世，才能容世；氣度蓋天地，才能容天地。與人為善，取人為善，用人成事，用世立功，有容方乃有濟。這個容量就在於氣度，氣度大則容量大，成就也就大；氣度小則容量小，成就也就小。

能容一家，便一家受他所用；能容一個地方，便一個地方受他所用；能容一國，便一國受他所用；能容全天下，便全天下受他所用。

所以大得能容天地的、寬到沒有邊的是圓。圓中能容天地。

11. 有氣度才能做到「圓」

有聖人的氣象，便能容納天地；有領袖的氣象，便能容納天下。不管是親疏、好惡、敵我，不管是智愚、賢能、不肖，我都能以大度來容納他們，使他們就像魚忘記了自己在江湖之中。

人如果想成就繼往開來的大業，怎麼能缺乏豁達、浩然無比的氣象？這是凡人都能做到的。而天下的學問，不是以一人的智慧所能知曉的；天下的事業，不是憑一人的力量所能辦到的。海洋之大，不是一川之水所能匯成的；山岳之高，不是一丘之土所能堆積的。

天地有容納之量，想成就大事業的人，必然要有大度量。雖然項羽有拔山之力、蓋世之氣，白手起家破秦朝，而與劉邦爭雄逐鹿，終究還是免不了失敗。他不但無容人之量，就連范增這樣的奇才都容不下。與之相比較，劉邦就能容納無數個范增式的人才。

所以說，大度能蓋及天下而後能容納天下；大量能蓋及天下而後能指揮天下；智慧能蓋及天下而後能扭轉天下；勇氣能蓋及天下而後能托舉天下。一個人懷有這樣的氣度，就能與天地同大。

人們所說的氣度，包括了大量、雅量、容量與氣量。而它的修養方法，主要是能戒除妒忌、怨恨，尤其要能寬恕和容忍。這樣則自然能包涵寬容，而不計較得失。呂坤說：

四、內正外圓：處世之道

「學者最大的病痛，就是氣度太小。」英雄豪傑賢士也不免如此。

唐書中有「唾面自乾」的教訓，佛家有「忍辱」的義舉，耶穌(Jesus)有「人打了我的左臉，再以右臉相迎於他」的告誡，這都是培養大度的最好例子。要想在處世中圓融無礙，那麼就應當具備「唾面自乾」和「忍辱負重」的卓絕的修養功夫。

12. 了解人性才能駕馭「圓」

「圓」的現實意義，在於和諧地處理人際關係。我們常常聽到一個詞，叫「圓滑」，這兩個字連到一起，往往令人生厭；倘若將二者拆開看，由「圓」到「滑」，是很有其道理的。

人生活在社會中就不得不與人交往，就不得不注重人際關係，而人際關係技巧正是與人交往的潤滑劑，人際關係技巧說白了，就是如何畫「圓」，而「圓」的目的是為了替人際交往注入潤滑劑。然而，人際關係技巧可以說千變萬化，會因人、時、地而異。那我們究竟怎樣才能嫻熟地運用它呢？

有一位小姐在紙上寫下這樣一句話：「男人的心，大海裡的針。」可奇怪的是有位先生也說：「女人的心，大海裡的針。」人心真的這麼難以捉摸嗎？事實上，只要我們嫻熟地掌握了人性之本，捉摸人心並非一件很難的事，掌握恰當的交往技巧就更容易了。讓我們觀察這個社會上那些成功的人士，那些成功的男人、成功的女人吧！他們的人際交往的方法雖然千變萬化、五花八門，但是萬變不離其宗，它們都是基於人性基礎上的運用。

人類無一例外地來自於動物界，同在這個現實的世界中

四、內正外圓：處世之道

生活，這就決定了大家都有一些共同的本性，即人性。把握人性、利用人性，正是千般技巧、萬種方法的泉源，也正是圓融的處世技巧智慧之源。

人性是什麼？大衛・休謨（David Hume）說：「人性就是自私。」但是對於人性最權威、最系統的剖析，應該是美國著名人本主義心理學家亞伯拉罕・馬斯洛（Abraham Maslow）的基本需要理論。

馬斯洛認為：人類在社會生活各個領域的動機，均來源於若干始終不變的、遺傳的、本能的需要，即人的基本需要。

馬斯洛將人的基本需要按順序分為五大類。

①生理需要（食物、睡眠、性生活等）。

②安全需要（生命、財產安全有保障）。

③歸屬和愛的需要（涉及給予愛和接受愛）。

④尊重的需要（自尊和來自他人的尊重）。

⑤自我實現的需要（促使潛在能力得以實現的趨勢）。

高級需要以低階需要為基礎，當某種基本需要得到滿足，便會走向更高的層次，會因更高級的需要產生動力。由於社會環境與條件的改變，高層次的需要也可以占主導地位。

12. 了解人性才能駕馭「圓」

　　深刻地了解人性，掌控人性，利用人性，那麼在芸芸眾生的競技場中，在錯綜複雜的人際交往中，我們就能夠揮灑自如，畫出各種奇妙的「圓」來，使我們永遠把握主動權，永立不敗之地。

　　在人生的道路上，只有畫出各種奇妙的「圓」來，才能在人際交往中，揮灑自如，永立不敗。

四、內正外圓：處世之道

13. 調整心態實現「圓」

如果我們能夠做到自我心態的真正主人，能夠駕馭、調控自己的心態，那麼我們在為人處世，待人接物中就會如魚得水，隨心所欲。

世界上沒有一條筆直的路，所以在為人處世中，我們要樹立多走彎路，以迂迴曲折的方式，達到我們所要達到的目的之深刻觀念。其實，這是事物發展的本來規律。也許，沒有什麼比光線更直的東西了，但是自然科學家們早已發現了這樣一個簡單的真理：表面上沿直線傳播的光線，如果從微觀上分析，其實是以「波」的方式，沿曲線向前推進的。光線如此，更何況極其複雜的社會呢？所以，以「圓」的方式處世，乃是抓住了萬事萬物的本源。

但是人類由於實現目標的願望過於強烈，往往希望自己的目的一朝達到，希望「羅馬在一日之間」建成，一旦自己的願望和欲求受到阻撓和挫折，由此而導致許多愚蠢和魯莽的舉動。所以，為了實現以迂迴的「圓」的方式辦好每一件事，首先要擁有有效地調整和控制自己心態的功夫。

阿蘭‧馬爾蒂是法國西南小城塔布的一名警察，有一天晚上，他身著便裝來到市中心的一家菸草店門前，他準備到

13. 調整心態實現「圓」

店裡買包香菸。這時店門外一個叫艾瑞克的流浪漢向他要菸。馬爾蒂說他正要去買菸。艾瑞克認為馬爾蒂買了菸後會給他一支。

當馬爾蒂出來時，喝了不少酒的流浪漢纏著他索要菸。馬爾蒂不給，於是兩人發生了口角。隨著互相謾罵和嘲諷的更新，兩人情緒逐漸激動。馬爾蒂掏出了警察證和手銬，說：「如果你不老實點，我就會給你一些顏色看。」艾瑞克反唇相譏：「你這個混蛋警察，看你能把我怎麼樣？」在言語的刺激下，二人扭打成一團。旁邊的人趕緊將兩人分開，勸他們不要為一支香菸而發那麼大火。

被勸開後的流浪漢向附近一條小路走去，他邊走邊喊：「臭警察，有本事你來抓我呀！」失去理智、憤怒不已的馬爾蒂拔出槍，衝過去，朝艾瑞克連開四槍。艾瑞克倒在了血泊中。

法庭以「故意殺人罪」對馬爾蒂做出判決，他將服刑30年。

一個人死了，一個人坐了牢，起因是一支香菸，罪魁是失控的心態。

明人呂坤對此類生活中常發生的事看得很透澈，400年前他就說過：「忍、激二字是禍福關係。」忍，是忍耐；激，是激動。二者的區別就在於能不能克制：能克制就能得福，

四、內正外圓：處世之道

不能克制就可能帶來災禍。所以這是一個必須認真面對的關口。

警察馬爾蒂和流浪漢艾瑞克之間發生的悲劇，不就驗證了呂坤的話嗎？

林肯說得好：「與其為爭路而被狗咬，不如將路讓狗。即使將狗殺死，也不能治好受傷的傷口。」

唐代僧人寒山曾寫詩道：「有人來罵我，分明了了知（心裡明明白白）。雖然不應對，卻是得便宜。」

這些話很值得玩味。

其實，人完全可以控制自己不好的心態。有一句名言：人之所以不安，不是因為發生的事情，而是因為他們對發生的事情產生的想法。

的確如此，如果上面那個法國警察改變了自己的想法，這樣認為：那個可憐的流浪漢需要一支菸！那麼，他的心態就會徹底改變。如果流浪漢也改變自己的想法：不就是一支菸嘛，他不給就算了，還可以找別人要。那麼，他的心態也會得到改變。所以，我們只要改變了自己的想法，就能改變自己的心態。

有這樣一個故事：

一位業務員一見到大人物就嚇得要死，他去諮詢一位著

13. 調整心態實現「圓」

名的心理學家。心理學家問他：「你見到一個大人物時，是不是願意四腳著地爬進他的辦公室裡，拜倒在他腳下？」

「當然不願意！」業務員氣憤地說。

「那麼你為什麼在心理上卑躬屈膝呢？」心理學家又問他：「你走進一個大人物的辦公室時，願意像一個乞丐一樣伸著你的手，乞討錢去買咖啡喝嗎？」

「當然不願意！」

「既然如此，那麼你就應該明白，你過分關心對方對你的看法，實際上就等於乞憐於人！你難道不明白，你這樣做就是伸出手去乞求他的讚許，乞求他把你當人看嗎？」

從此以後，他在大人物面前不再感到恐懼和緊張了。

心理學家的話改變了業務員對大人物的看法，也就從根本上改變了他的心態。

著名心理學家維克多‧弗蘭克（Viktor Frankl）曾講過一個故事：

一位老人因自己心愛的老伴去世而痛不欲生，弗蘭克卻對他說，他替他感到高興。老人不解地問道：「你怎麼能這樣說呢？」於是弗蘭克為他指出，如果他先死，他的老伴必然萬分痛苦。既然現在是老伴先死，他就義不容辭地承擔這種痛苦，並為老伴不會受這種罪而感到慶幸。這位老人接受

四、內正外圓：處世之道

了弗蘭克的觀點，改變了自己的想法，他的心態也逐漸變得平和起來。

安東‧契訶夫（Anton Chekhov）在〈生活是美好的〉一文中更進一步寫道：「要是火柴在你的口袋裡燃起來了，那你應當高興，而且感謝上蒼，多虧你口袋不是火藥庫。要是手指頭扎了一個刺，那你應當高興，多虧這根刺不是扎在眼睛裡！要是有窮親戚到別墅找你，那你要喜洋洋地叫道：幸虧來的不是警察……依此類推，朋友，照著我的勸說去做吧，你的生活會歡樂無窮！」

因此，只要你改變自己的想法，就可以改變自己的心態，就可以獲得成功、幸福和快樂。

這裡是一個生活小品，幽默而親切，讓我們在欣賞的同時，品味人生美好的心態：

在一家餐廳裡，一位老太太買了一碗湯，在餐桌前坐下，突然想起忘了拿麵包。她拿了麵包，重又返回餐桌，卻發現自己的座位上坐了一個黑人，正在喝自己那碗湯。「他無權喝我的湯。」老太太心想：「可是，他或許太窮了。算了。不過，不能讓他一個人把湯全喝了。」於是，老太太拿了湯匙，與黑人面對面坐下，不聲不響開始喝湯。

就這樣，一碗湯被兩個人共喝著，兩個人都默默無語。

黑人突然站起身，端來一盤麵條，放在老太太面前，麵

13. 調整心態實現「圓」

條裡插著兩把叉子。

兩個人繼續吃著。吃完了,各自起身,準備離去。

「再見!」老太太說。

「再見!」黑人說。他顯得很愉快,因為他做了件好事。

黑人走後,老太太才發現旁邊一張餐桌上,擺著一碗湯,一碗顯然被人忘了喝的湯。

如果我們能夠做自我心態的真正主人,能夠調整、控制和駕馭自己的心態,那麼,要做到待人接物、處事應世上的「圓」,就非常容易了。

心態豁達,處世則練達;心態灰暗,生活則陰暗。原因只有一個:態度決定一切。

169

四、內正外圓：處世之道

14. 方圓並用，剛柔兼濟

剛就容易方，柔就容易圓。為人處世，方圓並用，剛柔並濟，才是全面的方法。如果只能剛卻不能柔，只能方卻不能圓，只能強卻不能弱，只能進卻不能退，必然傾折失敗。

曾國藩說：「做人的道理，剛柔互用，不可偏廢。太柔就會萎靡，太剛就容易折斷。剛不是說要殘暴嚴厲，只不過強矯而已。趨事赴公，就需強矯。爭名逐利，就需謙退。」

從這裡可以看出曾國藩對老子的思想研究得很深，他一生為人處世信仰老子的觀念，卻不言論老子的思想。所以雖居在功名富貴的最高處，卻能全名而歸，全身而終。在處理天下事時，有以剛取勝的，有以強取勝的，有以柔取勝的，也有以弱取勝的。所以老子提倡以柔弱守雌的方法。

商容張開嘴問老子說：「我的舌頭還在嗎？」老子說：「在。」商容說：「我的牙齒還在嗎？」老子說：「不在！」商容說：「知道這個道理嗎？」老子說：「不就是剛硬的容易敗亡，柔弱的而能存在的道理嗎？」商容說：「唉！天下的事情完全是這樣。」這就是柔弱處世的方法，而受到歷代的傳承。

老子說：「人活著的時候身體是柔軟的，死了以後身體

14. 方圓並用，剛柔兼濟

就變得僵硬；草木生長時是柔軟脆弱的，死了以後就變得乾硬枯槁。所以堅強的東西屬於死亡一類，柔弱的東西屬於生長一類。」又說：「天下最柔弱的東西，可以攻入天下最堅強的東西裡面去，可以說是無孔不入。」「普天之下，再沒有什麼東西比水更柔弱的了，而攻克最堅強的東西，卻沒有什麼可以勝過水了。弱勝過強，柔勝過剛，普天之下沒有誰不知道這個道理，就是沒有人去實行。」道的本體是最柔弱的，所以有無窮的作用。因此，最柔弱的東西可以克制最剛強的東西。過於剛必然受折，過於強必然易敗。這裡能看出，儒家尚方，道家尚圓，誰更好呢？

事物不可到極點，到了極點就會走向反面。所以《易經》中說：「太陽到正中就要西斜，月亮圓了就要缺損。」老子又說：「用兵逞強就會遭致滅亡，樹木粗壯就會遭受砍伐。凡是強大的，總是處於下位；凡是柔弱的，反而居於上位。」這就是在「道」的最高原則下的大機大用，也是在「天地觀」、「歷史觀」中的大機大用。我們完全能稱它為「柔道」了。把它用於心術，就可以說是「柔道」的心術。把它用來處世，就是「柔道」的處世方法。把它用到政治上，就是「柔道」的政治。

漢代光武帝親臨章陵，在那裡修廟宇，蓋祠堂，建田莊，飲酒作樂，大行賞賜。正好宗室中的長輩與母后，因酒

四、內正外圓：處世之道

喝得高興了，相互說道：「文叔（光武帝）年輕時謹慎、守信用，對人不屈服、不招待，現在既剛強又柔順了。」光武帝聽到後，哈哈大笑說：「我治理天下，也想依柔道而行。」所以說柔道的作用，不僅可以持身受用，治理天下也大有作為。

剛而能柔，這是用剛的方法；柔而能剛，這是用柔的方法。強而能弱，這是用強的方法；弱而能強，這是用弱的方法。這4條，大的可以用來治理國家天下，小的可以用來處世持身。

呂坤說：「方與嚴是待人的大弊病，聖人待人，只在於溫柔敦厚。所以說：『廣泛地愛護人民，叫做和而不同。』只任憑他們悽悽涼涼，冷傲清高，便是世間的一個障礙物。持身方正，獨立不苟，是不能用世的人才。這只能算一個性情正直，不肯同流合汙的人士罷了。」

古人言：矯矯者易折，皎皎者易汙。做人亦是同理，須剛柔兼濟，欲速不達，過猶不及。

15. 方中求圓，以退為進

「曲則全，枉則直，窪則盈，敝則新，少則得，多則惑。」能屈能伸，以屈求伸，寓方於圓，才不愧為高明之士。

方圓之術，可以說是一種以屈求伸的本領，它是運用智慧來巧妙地為人處世，戰勝敵人。學會它沒有什麼壞處，正如學武功，既可強身健體，增強體魄，又可防身禦敵，進行戰鬥。

戰鬥需要戰鬥的藝術、戰鬥的武器。

方圓學是一種武器，最適用於對付惡毒之人。當敵人對你開槍射擊時，你還是揮舞著大刀長矛去拚命，那顯然是在冒險。

戰國時齊欲攻宋，燕王派張魁作為使臣率軍隊去助齊國，齊王卻把燕王派來的張魁殺死了。燕王得知後非常懊惱，發誓要為張魁報仇，決心去攻打齊國。

大臣凡繇謁見燕王，勸諫說：「我一向認為您是賢德之君，現在看來你並非我心目中所仰慕的人。我不願再當你的臣子了。」燕昭王說：「是什麼緣由讓你說出這一番話？」凡繇回答說道：「松下之亂，我們先君被俘，你對此深感羞

四、內正外圓：處世之道

愧，卻去侍奉齊國，原因在於自己太薄弱了。而現今張魁被齊所殺，你卻欲攻齊，這難道不是把張魁看得比先君還重要嗎？」燕王問道：「如此說來，兵不得出，張魁已死，我們應怎樣辦才好？」凡繇說：「煩請您穿上喪服住在郊外，派出使臣到齊，以客人身分去謝罪，對齊王說：『大王您是賢德之君，這些都是我們的過錯。大王心胸寬廣，一定不會殺死諸侯們的使臣的。只有燕王之使被殺，此乃燕國擇人之誤，望能改換使臣以表謝罪。』」燕王於是忍聲吞氣地又向齊國派遣了一位使臣。

齊王舉行盛大宴會，恰逢此時，燕使到達齊國，使臣拜見齊王說：「我們君主非常恐懼，因此派我來向大王請罪。」齊王聽後洋洋得意，讓使臣當著眾位隨從官員又重複了一遍所說的話，用來炫耀他自己的威勢。齊王得意地派了一名地位極低的使臣，命燕王返還宮室，以示寬恕。

燕王這樣厚著臉皮，裝瘋賣傻般地住在郊外。這只是一種委曲求全的表現。

以屈求伸，求大伸先大忍，這就是一種人生的大智慧。但是知其理者很多，踐其行者很少。

16. 退一步，海闊天空

　　以退為進，才能積蓄力量，看準目標。退一步，海闊天空，如果只進不退，一味鑽牛角尖，你會迷失方向，走進死胡同。

　　從整體而言，中華的傳統文化主流是儒家文化，而儒家文化的處世觀、價值觀都是以「仁愛」為核心主體的，這套處世理論符合中華民族相對平穩的農業經濟狀況，對中華民族的生存與發展有著相當重要的作用。方圓處世術集中體現了儒家文化處世理論的精髓。它有方有圓，圓的形式，方的內涵；它有柔有剛，柔的外形，剛的內容。

　　人是一種社會性很強的動物，人的活動在相當程度上不是一種個人行為，而是一種社會行為，所以，人的活動也就必然要受到社會各種客觀條件的限制、制約。這就注定了人的活動不能完全按照個人的意願進行，那些不顧客觀條件限制一意孤行的人，注定是要失敗的。

　　既然人們的活動要受到社會客觀條件的制約，有頭腦的人在實施各種行為之前，就必定要衡量自身和社會所具有的各種條件，也就是古人所說的「三思而後行」。在確定了行動目標和制定了行動計畫之後，就要堅定不移地按既定方針

四、內正外圓：處世之道

辦，這是要辦成一件事情所應具有的基本條件。

在按既定方針進行努力的同時，還要注意根據實際情況的變化隨時改變計畫，不能一味地追求冒進，就是說在不斷前進的時候，要懂得「退」。這時的「退」不是要行為者停止不前，更不是倒退灰心，而是為了更好地「進」。正所謂「以退為進」。

我們看田徑運動員在進行比賽時，往往是向後退一步，看準目標，然後猛然向前，這就是以「退」為「進」。「退」是為了集聚力量，為更好的「進」帶來爆發力，這是一種自然行為的例子。在從事社會活動中，就更應該知道，「當進則進，當退則退」，要做大事，做大人物，就絕不能像象棋中的過河小卒那樣，只知進，不知退。那樣做看似勇敢，實際上永遠只是匹夫之勇。

方圓處世術反對單純為了追求安逸的隱匿，卻主張為了養精蓄銳、靜候時機的隱退。

進是方，退是圓，只進不退，往往會碰得頭破血流；只退不進，必無所成。退是手段，退是為了更好地進。

17. 先揚後抑，掌控人心

　　如果把方圓之術運用到說話中，那麼讚美和表揚別人屬於「圓」，而責備和規勸別人，就相當於「方」。所以在和別人談話時，也應當融方於圓，先揚後抑。

　　《韓非子》中有一段話的大意是：要適當地讚美別人的優點和長處。這是正確處理朋友之間，乃至人與人之間關係的一條重要而實用的法則。任何人都樂意聽好話，聽別人讚美自己的長處和優點，而不願意聽別人直說自己的短處和缺點。

　　俗話說：「打人不打臉，罵人不揭短。」

　　如果想讓對方接受你的觀點或想法，則必須先讓對方能夠靜心傾聽你的想法。如果對方連聽都沒有聽進去，又何談接受不接受呢？而要對方傾聽，則不可使對方產生反感。

　　談話時採取先揚後抑的辦法，往往會得到理想的效果。說話時要注意真誠地讚美對方的優點、長處，使對方心情愉悅，拉近雙方的距離，消除隔閡。然後再一步步地將自己的想法和盤托出，這樣，就會用話語巧妙地引領對方一層層地聽清你要說的話，而不至於沒聽幾句便火冒三丈，不歡而散。

四、內正外圓：處世之道

我們說要適當地讚美別人的優點長處，這種讚美必須是誠心的，而不是為了阿諛逢迎而故意誇大的虛假的讚美。交友時，說話如果能很好地動用這一條，對於朋友間的和諧大有裨益。

《論語》上說：「人告之以有過則喜。」實際上，這恐怕只有孔子等大聖人才有如此雅量，一般情況下，普通人都不可能做到這一點。大家常說：「良藥苦口利於病，忠言逆耳利於行。」但是真正能聽得進逆耳忠言的人卻並不多。所以說話時應當靈活，不妨適當說些恭維話。

或許，大家都以為恭維人乃是小人所為，大丈夫光明磊落，行正身直。事實上，我們都應該清楚一個道理，那就是槍炮或毒藥可以殺死無辜的百姓，是因為它們被壞人利用了，而不是它們本身有什麼不好。正如鴉片會使人喪命，是因為販毒者利用了它，而在藥店裡，鴉片則又可成為很好的麻醉劑和鎮定劑，可以用它來解除病人的痛苦。明白了這個道理，我們就應該承認，恭維作為一種說話的方式，我們有權使用，而且如果我們用得恰當，會取得意想不到的效果。

恭維話並不是隨便恭維，要注意對象和內容。任何人都在心底有一種希望，年輕人的希望是他自己，老年人則把希望寄託在年輕人身上。年輕人當然希望自己前途無量，宏圖大展，所以恭維時便須點出幾條，證明他是有潛力的。而

17. 先揚後抑，掌控人心

老年人自知年老力衰，一切都已成為過去，所謂「好漢不提當年勇」，他們只希望後輩人能超過自己，創造出更好的前程。所以，對老年人恭維時，不妨將著眼點放到他們晚輩身上，並將老年人與其晚輩比較，指出後輩的長處。這樣抑老揚少的做法，不但不會引起老人的反感，他反而會很高興。

對於不同職業不同文化程度的人，恭維也應有所區別。對待商人，如果恭維他才高八斗、學富五車顯然不行；而對文化人說他如何財源廣進、財運亨通更是不妥；對於官吏，你若說他生財有道，他定以為你是罵他貪汙受賄、搜刮百姓。因此要注意區別，同時也還要注意掌握好恭維的分寸。

有一則古老的笑話：

有一個拍馬屁的專家，連陰間的閻王都知道了他的姓名，他死後來到森羅殿見閻王，閻王一見到他便拍案大喝：「聽說你是拍馬屁專家，專門拍人馬屁。哼，我最恨像你這樣的人！」

那拍馬專家趕緊跪地叩頭說：「冤枉啊，冤枉，閻王爺有所不知，那些世間之人都喜歡別人拍他馬屁，我不得不這樣。如果世上之人都能像大王您這樣明察秋毫，公正廉明，那我哪裡還敢有半句恭維？」

閻王高興，直說：「諒你也不敢拍我馬屁。」

讓人拍了還自鳴得意。

四、內正外圓：處世之道

　　這則笑話雖是說的拍馬屁之道，但是也說明了說恭維話要學會掌握分寸，即不能恭維不足，更不要言過其實，流於諂媚。將恭維的分寸掌握好，使對方不知不覺地接受了你的說法，而又不會因為你的恭維而別樣視待於你。

　　直意批評是為「方」；婉轉含蓄是為「圓」。方圓之道如果離開勸人向善的目的便毫無意義。

18. 圓融處事，靈活多變

　　變臉，也即隨機應變。能及時調整自己的情緒和角色，以適應不同的場合、不同情境的人際交往。及時變臉，圓融處世，是個性成熟、處世老練的重要象徵。

　　「變臉如翻書」也是一種圓融的處世姿態，否則不易和人相處。

　　有一些做大生意的成功者，深深地領會「變臉」的功夫。

　　比如有人在他辦公室的會客室等他，隱約聽到他在電話裡怒聲和別人爭吵，也許心想，來得真不是時候！

　　過了一會兒，他出來了，竟然滿臉笑容，看不出任何剛剛和人爭吵的痕跡。坐不到盞茶工夫，有員工進來問他事情，他立刻擺上一張嚴肅的面孔，連聲調都充滿了權威。

　　離開他的辦公室，想想看，他用笑臉接待客人，當客人離開後，他會換上哪一張臉？而他用來接待客人的笑臉是真的笑臉嗎？還是根本是皮笑肉不笑的笑臉？

　　不管如何，變臉功夫有其必要性。試想，如果他用剛剛和人吵架的怒臉來接待客人，話說得下去嗎？沒弄好，客人

四、內正外圓：處世之道

也要和他吵架！而他若老是和顏悅色，恐怕員工也會失去對他的敬畏吧！

從世俗來看，這種「變臉如翻書」有點讓人覺得不可捉摸，缺乏一種真誠；但是從現實來看，隨環境的變化而翻臉，不也是一種圓融的處世姿態？在複雜的社會裡，若無變臉的功夫，怎能同時與許多不同的人相處呢？

總結來說，擁有變臉的功夫，在社會生活裡有如下的好處：

避免別人誤會你的情緒，造成人際關係的反效果。例如，若把剛剛跟人吵架的怒容拿來面對客戶，客戶如果不了解，會誤認為你對他的來訪不耐煩，你若無合理的解釋，恐怕對方拂袖告辭了！同樣，在不該嚴肅的場合嚴肅，在不該輕鬆的地方輕鬆，也都不是正確的做法，因為這會讓別人誤解你。

隱藏自己的私密。你的情緒如果老是寫在臉上，喜怒毫無掩飾，別人一看就知道你心裡想什麼，有心人只要用話一套，你就有可能把事情來龍去脈說出來，這是比較犯忌的。這種人說好聽是率直如赤子，說難聽一點是對情緒祕密缺乏把關力，將給人留下「辦事不牢靠」的印象。

具有變臉功夫固然重要，但是要學到這功夫並不容易。因為喜怒哀樂這些情緒都是難以掩飾的，有些人可以做到

18. 圓融處事，靈活多變

該哭就哭，欲怒則怒的地步，這種變臉的功夫可說已出神入化。

能做到以下的程度也就可以了：隨時能從哭臉、怒臉轉變成笑臉，以笑臉來面對外面的世界。

要知道，無論你有多哀傷多憤怒，除非你的至親好友，否則不會有人對你的喜怒哀樂有興趣，並進一步表示關懷，更不可能傾聽你的哀傷或是憤怒。你若不知此點，不但會造成自己極大的壓力，也會留給對方極壞的印象，因而下意識地看輕你。

四、內正外圓：處世之道

五、厚道但不陰險：厚德載物

五、厚道但不陰險：厚德載物

1.「厚臉皮」並非「不要臉」

厚臉皮是一個人對外在評價的依賴性低、自我認定能力強的表現，一定程度的厚臉皮，乃是心理健康和建功立業所必需的。

「面子」這個詞彙的由來現在已經很難考證清楚，但是中華民族好面子這個事實卻是源遠流長，由來已久。可以說，最好面子，又最為面子所累，是我們追求面子的基本狀況。無論是古代還是現代，「集體主義」一直是社會的主流意識形態，它從根本上確立了人們為人處世的基本準則，也就是說，一個人要想在社會中生存和立足，必須依靠他人來認定。而「面子」最能體現這種精神，因而成為了各種社會關係的核心內容。

對於古人而言，面子實在太重要了。而在 21 世紀的今天，競爭愈來愈激烈，過於注重面子卻很難成大器，不妨臉皮厚一些。

厚臉皮這個概念長期背負惡名，似為正人君子所不齒，但是實際上，在我們的人生和事業中，每個人都在不同程度地應用著它。所以，我們應該用全新的眼光來審視它，正視其中所包含的合理成分和實用價值。厚臉皮至少包含了以下

1.「厚臉皮」並非「不要臉」

的內容：心理健康、勇敢堅強、心胸開闊、充滿自信、智謀過人等。因此，它對於挖掘人自身的潛力、正確處理人際關係、及時把握致勝良機，以及更好地適應人生和社會有著極為重要的作用。厚臉皮絕不等於不要臉，兩者在本質上有著根本的區別。我們提倡一定程度的「厚臉皮」，而不贊同「不要臉」的觀點和作法。

長期以來，在中華民族的心目中，厚臉皮一直是一個貶義性詞彙。大概除了戀愛中女性的嬌嗔（曰：「你的臉皮可真厚」）外，它總是用於責備、斥責、嘲諷甚至是對罵的場合。中華民族總是忌諱談到這個詞，忌諱在別人和自己身上運用這個詞，也總是標榜自己對這個詞的厭惡以示區別，但是實際上，並沒有多少人真正深入地探討和領會「厚臉皮」與「不要臉」的真正內涵和根本區別。

漢高祖劉邦，被李宗吾稱為是天下臉皮至厚、用心至黑之人，這話說得有點極端了。客觀地說，劉邦應是一個「臉皮厚」與「不要臉」複雜組合變幻的混合體。劉邦年輕時曾去縣令家祝賀，透過空許「賀錢一萬」的方式，坐到了上席，為自己爭得了面子。這其實是他氣魄宏大、自信心強的一種表現，因而屬於「臉皮厚」的範疇。

而到了楚漢相爭時，一次漢軍大敗，劉邦僅帶著幾十名騎兵逃離包圍，一路又受到項羽追殺，情況危急；情急之

五、厚道但不陰險：厚德載物

下，劉邦竟親手把孝惠帝和魯元公主推落車下，滕公下車救之，復又被推下，共有三次。為了逃命，竟然置親生骨肉的性命於不顧，這是明顯有違人倫的行為，而劉邦居然能一而再再而三地做出來，這就有點「不要臉」了。

因此，要想正確評價一個人，必須分析具體問題，不可誇大也不宜縮小。絕不能把「厚臉皮」與「不要臉」混在一起。

在我們正確理解了「厚臉皮」與「不要臉」之間的區別與關聯之後，就應當擺脫先前的困惑與煩惱，樹立臉皮應該厚一點的觀念，決定做一個心理素養過硬的臉皮健康的人。

2. 厚臉皮是人生通行證

　　厚臉皮是人勇敢自信的表現，是心胸開闊、心理健康的體現，是智慧蓄謀的代表，更是人生一帆風順的通行證。

　　如果一個人厚臉皮，他就能夠自我肯定、自我平衡，而不必去依賴「面子」來支撐人生的骨架。透過許多案例的分析，我們認為，厚臉皮至少包含了以下的價值，這些價值對於一個人的人生和事業的成功具有不可估量的作用。

(1) 厚臉皮是心理健康的表現

　　對於臉皮而言，一定程度的「厚」是健康的前提，「薄」是不健康的表現。現代心理學已證明了這一點。臉皮的產生是源於外界的壓力和刺激。這些壓力和刺激對於每個人來說都是不可避免的，也是必需的。如果缺乏這些壓力和刺激，那麼一個人智力的發展和人格的形成就會受到影響，出現智力遲鈍和人格偏離。

　　但是，如果這些刺激或壓力過於頻繁、強烈，而一個人又不能在心理上做出適當的反應，就會破壞人的心理和生理平衡，危及健康，危害人的社會交往。大凡臉皮「薄」者，都缺乏自我肯定能力，對於外界環境的依賴性過強，因而，

五、厚道但不陰險：厚德載物

心理變化總是隨著外界環境而變化，缺乏穩定性和緩衝區，這必然會成為各種心理疾病的誘因與病源。而「厚臉皮」者，自我肯定能力強，自我平衡能力強，具有良好的心理防衛機制和調節能力，因而可以經得起任何的外在衝擊，保證自我的情緒穩定，這就為其身心的健康和事業的成功提供了堅強的保障。

(2) 厚臉皮是勇敢堅強的表現

厚臉皮者，一般心理承受力都比較強，對別人的批評和指責都能勇敢面對，在遭遇挫折和失敗時，也會表現的非常冷靜，他們何以能夠如此？原因就在於他們依靠自我肯定來實現心理平衡，外界的評論與打擊只能對他們造成衝擊，卻不能動搖其自認為正確的價值。所以，當他們丟臉時，總表現出某種出奇的忍耐精神，絕不會張皇失措，更不會痛哭流涕。

美國總統歷來是以厚臉皮而著名，因為從競選到成功，他必須面對無數的非難，即使是在臭雞蛋滿天飛的情況下，仍需面帶微笑、保持風度。所以，美國總統的性格都比較堅強，勇於面對令人難堪的局面。

威廉·麥金利（William McKinley）總統就是這樣一個人。有一次，因為一個問題，他遭到一些人強烈的反對，在國會會議上，有位議員當面粗野地譏罵他。他氣得鼓鼓的，

2. 厚臉皮是人生通行證

卻極力忍耐,沒有發作。他鎮定地坐在那裡洗耳傾聽,等對方罵完了,他才用溫和的口氣說道:「你現在怒氣應該平和了吧,照理,你是沒有權利這樣責問我的,但現在我仍然願意詳細解釋給你聽……」他的這種容人、讓人的高度忍耐姿態,使那位議員羞紅了臉,矛盾立即緩和了下來,最終,麥金利說服了這位議員,達到了自己的目的。

(3)厚臉皮是心胸開闊的表現

厚臉皮者,自我平衡能力強,所以便能經受得住各式各樣的外部刺激,對之作出合理的解釋,保持穩定平和的心緒。他們總是不拘泥於「面子」上的一得一失,而是從大處著眼,來理解事物發生和發展的本質與規律,因此,在對待挫折與失敗上,表現出一種看得開、望得遠、想得通、丟得下、耐得住的思想境界。而這種包容性正是心胸開闊的表現。凡心胸開闊者,勝則不驕,敗則不餒,及至榮辱不興之境,則必能有所作為。

史蒂文森(Stevenson)曾連續兩度競選美國總統,都未能如願,這是件很丟臉的事,他卻有足夠的胸懷和充分的幽默來正視自己的處境,因此,競選失利不但未壓倒他,反而增添了他的個人魅力。從他在得知競選結果後答覆友人詢問的話中,我們就可以感受到他寬大的胸懷。

1952 年,史蒂文森第一次競選美國總統失敗,阿利斯

五、厚道但不陰險：厚德載物

泰爾・庫克與他交談了一次，在談到失敗問題時，史蒂文森的回答是：「畢竟，除了我還有誰會與艾森豪較量呢？」四年後，史蒂文森再次被德懷特・艾森豪（Dwight D. Eisenhower）擊敗，庫克又發給史蒂文森表示關切的電報，上寫：「現在──怎麼樣？」回電很快就來了：「除了我，還有誰會與艾森豪較量兩次呢？」並不以自己的失敗為恥，反而以自己勇於與強手兩次對陣而榮。這就是厚臉皮，這就是大胸懷。

(4)厚臉皮是充滿自信的表現

厚臉皮者總是高度評價自己，對自己的優點和特長有著充分的肯定與了解，這樣，別人的議論或評說便只能成為他了解自我的一種參考，而絕對無法替代其自己的判斷。因此，他們對於別人的攻擊或辱罵總能保持一種冷靜的審視，自信像一道厚厚的牆可以防止其心靈由此而受到傷害。所以，厚臉皮者甚至可以在「沒有面子」的環境下長期生活，從容不迫。因為他們的心靈是高度自治的，他們不需要依靠從外界獲取的能量來保證自我心理上的正常運轉，他們只靠自信。

在《三國演義》中，曾有一出「孔明罵死王朗」的好戲，這其實就是一場心理戰，考察的是一個人的臉皮功夫。那是在西元227年，孔明兵出祁山，曹真率兵迎戰，二軍對壘於

2. 厚臉皮是人生通行證

祁山之前。在決戰前，雙方先來了個「罵陣」。先是王朗策馬陣前，向孔明勸降，他說：「你通達天命，亦識時務，為何要毫無理由地挑起戰爭？要知道，天命有變，帝位更新，歸於有德之士，這是大自然顛撲不破的道理……」接著便大讚曹操一番，指出，順天者昌，逆天者亡，還是快快歸順大魏吧。王朗也是能言善辯之士，他以理勸誘，使蜀軍兵將不覺動容。

參謀馬謖認為，王朗不過是效法從前季布大罵漢高祖，試圖以氣勢破敵。王朗講罷，孔明卻哈哈大笑，朗聲斥道：「你原是漢朝元老，我還以為有什麼高見值得洗耳聆聽，沒想到，說出來的卻全是混帳話……此次，我奉君命出兵，旨在討伐逆賊，大義分明，日月可鑑。你膽敢站在陣前，厚顏無恥地大說天命如何，簡直是荒謬透頂。你這個皓首匹夫，白鬚叛賊，想必即將奔赴冥府。到時候，你有何面目，見漢朝二十四帝？！你且快快滾到一邊，派出別人來一決勝負吧。醜惡如你，哪有在此撒野的資格？！」孔明剛說完，王朗就口吐鮮血，落於馬下，當場斃命。

王朗是被氣死的，也可以說是由於沒面子而死，更可以說是由於臉皮太薄而死。王朗臉皮之所以薄，是因為他不自信，雖然他也講人應順應歷史的規律而行事，但是他在骨子裡更害怕「叛臣逆子」這個惡名，一旦被別人揭了傷疤，說

五、厚道但不陰險：厚德載物

到痛處，便羞恨交加，失去自我平衡的能力，導致猝死，而孔明之所以能夠面對斥責而依然鎮定眾容，則在於他的自信，因為他相信自己的選擇，也相信自己可以智取王朗，刀不血刃而震碎敵膽。由此可見，自信與否不僅可以決定臉皮之厚薄，還可以決定事情之成敗。可以說，沒有自信臉皮便厚不起來，而厚臉皮者必有自信。

(5) 厚臉皮還是有智謀的表現

臉皮薄者，以「面子」之大小有無來衡量事物，其標準是純倫理型的；而厚臉皮者，以結果之成敗得失來衡量事物，其標準是務實型的。大凡有智謀者，臉皮必厚，因為他自知玄機，對事情發展的良好結局充滿自信，所以他們可以忍受一切，包括「最沒面子」的情形。而厚臉皮者，也往往是良謀在胸或「滿肚子的鬼點子」，自有一套自認為佳的生存哲學和處世法則。

美國大資本家老范德比爾特（Vanderbilt）生前得罪了不少人。怎樣才能避免在他死後他的「帝國」不會遭到攻擊呢？他冥思苦想，終於想出一步好棋。

范德比爾特確定其長子威廉·亨利·范德比爾特（William Henry Vanderbilt）為繼承人，次子傑姆因此而不樂，行為放浪，經常去范德比爾特的老對手——《紐約論壇報》主筆霍勒斯·格里利（Horace Greeley）那裡借錢，前後共借了上

2. 厚臉皮是人生通行證

萬美元。范德比爾特早知此事。一天，他闖進了格里利的辦公室咆哮道：「你沒有徵求我的同意，就借錢給我的浪蕩兒子，我坦白告訴你，你別指望我會替我兒子還這筆債。」格里利大怒，他叫道：「滾出去！你不想想你的話會弄臭我的房間嗎？」老范德比爾特回家後對大兒子說：「格里利一貫罵我，不管我得罪他或沒有得罪他，他都要罵我，所以我索性今天大大地得罪了他。但是你要記著，我只能控制錢，不能控制人心，而格里利可以控制人心。你必須藉助於他。今天我給你製造了一個機會。在我死後，你可以到格里利那兒登門道歉，你可以在他面前大罵我是烏龜王八，罵得愈臭愈好。反正我死了，怎麼罵都可以，我也聽不見。」

父親死後，威廉依計而行，登門拜見了格里利，以10倍的利息付清了弟弟的欠債，他說：「我父親對您的失禮，我認為即使百萬美元也不足以彌補的。我現在奉上這筆錢，既作還債，也作賠償。」不出所料，范德比爾特命歸西天不久，其死敵傑伊·古爾德（Jay Gould）便在報紙上大肆攻擊威廉。但是，這回格里利卻按兵不動，於是古爾德的《紐約世界報》只好罷手，草草收兵。

老范德比爾特身為一個商業時代的成功者，其臉皮不可謂不厚。但是這厚絕非是毫無道理的厚，而是棋高一著，暗施計謀。他主動去敵手那裡敗壞自我形象，並授意兒子在自

五、厚道但不陰險：厚德載物

己死後臭罵自己，都是為了日後替兒子買人情。可見，厚臉皮者的「面子」總不是白丟的，他們深知自己的目標以及自己行為的投入產出比，他們更懂得如何去實現自己的目標，這就是有計謀的表現。

3. 厚臉皮的極大成效

厚臉皮的內涵十分豐富，包含了許多極為有用的價值，這些價值足以鼓起我們的勇氣，使我們覺得有必要「厚著臉皮」把自己磨練成一個「臉皮很厚」的人。

自古凡成大事者皆是厚臉皮之徒，因為厚臉皮就表明心理素養良好，有很高的情商，這是成功者必備的條件，有助於其自身潛能的發掘和人生價值的充分實現。

(1)厚臉皮有助於我們挖掘自身的潛力，實現最有價值的人生

臉皮薄的人，丟一次臉便終生不忘，可謂是「一朝被蛇咬，十年怕井繩」，從此便失去了再次嘗試，進一步奮鬥的勇氣。而厚臉皮者則可坦然承受，並因之而激發出無窮的創造精神和奮鬥意志，從而把自己的能量發揮到最大極限，創造出非凡的成就來。

瑪麗是美國聖保羅市的縫紉機業務員，每月平均維持銷售15臺的紀錄，這個紀錄一直使她備感驕傲。有一天，她在魚市上向一位中年人推銷，卻遭到喝斥，並警告說如果她再不離去，就要把水潑到她身上。瑪麗並不介意，還想繼續

五、厚道但不陰險：厚德載物

與他講話，但是做夢也想不到的是，那位中年人竟真把整桶的水毫不客氣地倒向了她，使她當眾成了一個落湯雞。

受到這種羞辱，她不禁淚珠滾滾。「我為什麼要受這種恥辱？即使我不做縫紉機的推銷工作，丈夫的收入也足夠養活一家人。在外拋頭露面，還碰到這種讓人笑話的事，我再也不做業務員了！」她下定了決心。但是，回家之後她冷靜了下來，她覺得自己不能在這種恥辱面前退卻，一股不服輸的念頭油然而生。經過數天的思考，她終於得出一個結論：「目前，我在公司一直是推銷冠軍，也許，這個工作就是我的天職，很可能是上帝有意的安排。如果我就此停止推銷工作，這一生必定死都要受這次失敗和恥辱感的纏繞，永遠不得安寧。好吧，我絕不為這次事件而氣餒，我要一直維持冠軍寶座到四個孩子大學畢業。」

瑪麗以魚市上的失敗為新的起點，創造了連續 15 年推銷成績第一的佳績。在美國的任何行業，至今還沒有一個業務員，改寫這一個在自己的公司守住 15 年冠軍寶座的紀錄。如果瑪麗的臉皮太薄，就不會有她後來的驚人業績，正是由於她具備很強的心理承受力，又能奮發努力，她才最終贏得了屬於自己的光榮。

3. 厚臉皮的極大成效

(2)厚臉皮有助於我們爭取機會

把握機會,實現人生的理想與抱負,任何人的成功都不能離開機遇。臉皮薄者怕丟臉、怕失敗,總是處於一種消極被動的狀態,所以總是與機遇擦肩而過,與成功無緣;而厚臉皮者,不怕被拒絕,不怕說閒話,敢闖敢做,總能得到更多的機會,因而也就更有可能獲得成功。

(3)厚臉皮會贏得一個好人緣,很快地適應人生和社會

厚臉皮會贏得好人緣,這是因為,厚臉皮的人,對別人的過於激動之舉總能報以一種寬容大度、不計前嫌的態度。寬則得眾,得眾則道路通達,道路通達則必會事業有成。

厚臉皮,是心理素養優秀的象徵,是意志心性堅韌的表現。而優秀的心理素養和堅強的意志,是成功的必備條件。

五、厚道但不陰險：厚德載物

4. 厚臉皮的三種境界

　　研究歷史和現實中的「厚臉皮」，我們發現有著不同的境界和層次。境界越高，則表明厚臉皮不僅是一種更臻完善的心理修練，更象徵著一種道德的成熟。

　　厚臉皮可分為三個層次：不惜一切代價取勝的境界、自我反省的境界和鬥士境界，這是一個由低階到高級的修練過程。

(1) 第一種境界：不惜一切代價取勝

　　「厚臉皮」最原始的狀態不帶道德色彩，它純粹講述關於如何得到你想要的；換言之，不惜一切代價取勝。處於這種狀態，「厚」毫無良心可言，「厚」極端無情。

　　「厚臉皮」最原始、最表面的形態不講倫理，只講有效行為。有這樣一個例子：

　　一家美國航空公司的僱員們為了減少營業費用，在偽造飛機保養和安全檢查報告時東窗事發，當場被抓。那些下令偽造這些報告的行政官員十分清楚，他們把乘客、飛行員和機組人員的生命置於極危險的境地──這與他們節省下來的金錢毫不相稱。

4. 厚臉皮的三種境界

矛是維持和平的有用器具,也是致人於死地的兵器。「厚臉皮」猶如矛一般,本身並不具有邪惡的屬性,每個人都可以將「厚臉皮」運用在純粹追求私利上。

有一些人直觀上善於將「厚臉皮」作為實現他們自私自利動機的工具。對這些人來說,為了獲勝,沒有不能付出的代價,只要能夠贏得勝利,他們可以不惜損害別人的利益。

古往今來,從東方到西方,有許多利用第一種境界的「厚臉皮」來漁利的事例。試看美國儲蓄貸款機構的倒閉和國際商業信用銀行的非法交易,在這些機構的背後,所有「聲名顯赫」的個人,都是實踐最原始狀態「厚臉皮」的高手。

他們的臉皮厚得刺不進、扎不透,保護他們免遭他人所有可能非難和自己良心的譴責。當他們用矛刺那些不具懷疑之心、對其信賴的大眾,讓那些無辜的儲蓄者,流著金錢之血而慢慢死亡的時候,他們的心是純黑的,對這些人來說,私利是目的,厚是手段。

第一種境界的厚,引導我們取得成功,然而,我們的成功通常沒有甜蜜之味。利用無情的手段征服他人並不難,你只需要向魔鬼出賣你的靈魂。

(2) 第二種境界：自我反省

在第一種境界之下，隱藏著厚得更深一層的精髓。有一些人實踐第一種境界的厚，發現就連他們自己也感到它令人厭惡；所以，他們開始自我反省。

自我反省是一種心理過程，為了徹底的了解厚，我們不得不提起人生靈性生活與厚的關係，因為人類不論是在公事及私事上，都受著他們的心理及靈性觀念的影響。

在東方人看來，經商、兵法、哲學與心理、精神不可割離，心靈的智慧是人類生命之根；智慧只有一種，而智慧的運用則是無窮無盡的。與此相反，西方世界一般將生活的知識分成若干部分，然後把它們分門別類放在書架不同的隔層。那些實踐第一種境界的厚者，如果不修練第二種境界，則會變成害人害己的危險人。

處於自我反省階段，個人常常是很脆弱的，因為他們拒絕採納第一種境界那種有力而邪惡的舉止，正在探索不為人知的王國，他們的心靈亦要求他們的行為更令他們滿意。這時，他們處於一種易變、混亂、有時是很痛苦和憤怒的狀態。

他們被自己新發現存在於自己身上的許多敵人所壓倒，這些敵人就是他們性格上的缺陷：貪婪、憤怒、自我懷疑、自我限制、妒忌、羨慕、害怕、羞愧、擔憂、心胸狹窄、憎恨、欺騙、欲望、自私、懶惰、虛偽和虛榮。他們發現自己的心靈就

是高貴與低賤、榮譽與恥辱、快樂與悲傷的根源,與此同時,他們有很多仇人,他們要排除這些障礙的能力很微弱。

在這個階段,即使他們看上去或許散漫無力,但是他們的內心正在進行一次有力的轉變。

(3)第三種境界:鬥士

鬥士是最後一種境界,它將前面各種境界融為一體。這時,你能夠為崇高與無情創造一個匯合點。

經過第二種境界之後,厚臉皮的實踐者變得冷漠而勇敢。他們採取了鬥士的態度 —— 寧靜與超然。他們把人生視為是一場必須進行的戰鬥,除此之外,別無出路,勝利是唯一的目標。

他們用邪惡的外部因素寧靜地搏鬥,同時勇敢地面對自己內心的敵人。這時,他們便能夠擺脫內心的敵人,它們的存在就不會妨礙他們的行動,正是這種超然和寧靜之力使鬥士得以鎮定自若、通情達理地面對人生的挑戰。

13世紀,一位印度哲學家說過,縱然是最偉大的鬥士,身臨戰場時也會嚇得直冒冷汗。然而,他的身軀害怕、心境膽怯之時,靈魂卻無所畏懼。他能使自己擺脫身軀和心境的膽怯,讓靈魂無所畏懼、堅不可摧。

一部老電影,是關於早年美國拓荒者的勇氣和愛情的故

五、厚道但不陰險：厚德載物

事。顯然，他們懂得那種鎮定目標。目睹他們那種鬥士般的膽量和壯舉，使人在看電影時多次感動得潸然淚下。

我們讓臉皮厚一些的目的，在於能夠保護自己免遭他人侵犯。

這樣做，我們就能成為鬥士，不過，不是西方傳統觀念上的「殺人機器」。這一類鬥士有效地實現自己的目的，外在能力是受內在智慧所支配，而內在智慧則是透過接受生活的挑戰和尋求精神平衡陶冶而成。

16世紀，日本一位劍術大師宮本武藏曾經說：「武士乃是能文能武之輩。」此話的含義是，欲成為真正出類拔萃、鶴立雞群的武士，你的文才必須勝過武功，赫赫有名的戰將是一位泰然自若之士，他透過理解人生才能精通手中兵器的威力。比方說，日本古代的武士舞劍之道與我們如何料理日常工作，尤其是生存十分相似，武藏還說道：「武士的武功之道乃自然之道。你只有符合自然之力，稔知萬事萬物之規律，方能順乎自然地擊敗敵人。」

當我們實踐第三種境介厚臉皮時，將漸漸的發現，靈性世界與世俗世界之間並無區別或衝突，精神力量將成為征服日復一日現實的基本工具。當我們將精神上的遠見卓識運用到無情的商業世界之中，我們就能在靈性世界和物質世界兩個方面雙雙獲得最大豐收。

5. 勇於丟臉，厚臉皮追求成功

　　人生在世，處於一種保面子和丟臉的辯證運動過程中，丟臉從短期而言，可能對一個人來說不是一件好事，但是從長遠看，也並非是一件壞事，它會成為催使你發奮圖強的內在動力。

　　丟臉的事誰也不想做，但是由於生活的複雜性，在某些情況下，我們往往又不得不丟臉。丟臉是不光彩的，又常常是不邀而至。我們不可能在任何時候都能做到不丟臉。我們在一生中可能要丟許多次臉。這樣，我們就需要對丟臉有一個正確的心態，即如何認知丟臉。

　　丟臉對我們來說畢竟是一種損失，是我們不情願的，所以我們要盡可能地避免丟臉。一旦丟臉，我們也要把丟臉的不良後果看得淡一些，並且將丟臉看成是一種磨練。

　　將丟臉視作一種磨練，這包含兩層意思：一是丟臉可以使我們的臉皮厚起來，這一點在臉皮訓練一節中已經提及，臉皮不磨不厚，臉皮不打不厚，多丟幾次人其實就是在磨臉皮，在敲打臉皮。而臉皮厚是可以給我們帶來許多益處的。二是丟臉可以使人發現自己的弱點，改正自己的錯誤，取得

五、厚道但不陰險：厚德載物

更大進步，同時，它還可以催人發憤，令人圖強，最終再將丟的臉找回來。

將丟臉視作一種磨練的第二層意思，又可以延伸為兩個含義：一是丟臉使人發現錯誤，二是丟臉令人奮發圖強。

丟臉從短期來看，對一個人來說不是一件好事，但是從長遠來看，它可能並非一件壞事。因為我們不願意丟臉，所以一旦丟臉，我們會很難堪。為了找回丟的臉，我們就必須努力進取，勤奮工作，不斷壯大自己的實力，最後將丟的臉再找回來。

西漢初年，北方的匈奴首領冒頓殺父自立為王，這大大地威懾了鄰國東胡。為了限制匈奴的發展，東胡國不斷挑釁，企圖尋找藉口滅掉匈奴。

匈奴人生活在西北部的草原上，以強悍善騎著稱。國中有一匹千里馬，皮毛油黑發亮如軟緞，全身上下沒有一根雜毛。牠能日行千里，為匈奴國立下過汗馬功勞，被視為國寶。東胡國知道後，便派使者到匈奴國索要這匹寶馬，匈奴群臣認為東胡國太無理了，一致反對。

足智多謀的冒頓一眼便看穿了東胡的用意，但是他並沒有表露出來，他知道，捨不得孩子套不住狼，決定忍痛割愛來滿足東胡的要求。他告訴臣下：「東胡之所以要我們的寶馬，是因為與我們是友好國家。我們哪能因為區區一匹千里

5. 勇於丟臉，厚臉皮追求成功

馬而傷害與邊鄰的關係呢？這樣太不合算了。」這樣，他就把寶馬拱手送給了東胡。

冒頓雖然表面上不與東胡作對，但是他暗地裡壯大實力，明修政治，希望有朝一日將丟的臉找回來。

東胡國王得到千里馬以後，認為冒頓膽小怕事，就更加狂妄。他聽說冒頓的妻子很漂亮，就動了邪念，派人去匈奴說要納冒頓之妻為妃。

冒頓的妻子年輕貌美，端莊賢淑，深得民心。匈奴群臣一聽東胡國王如此羞辱他們尊敬的王后，都氣得摩拳擦掌，發誓要與東胡決一死戰，冒頓更是氣得牙齒咬得吱吱響，連自己的妻子都保護不了，還算個男人？況且還是個國王！然而他轉念又一想，東胡之所以三番五次使自己丟臉，是因為東胡的力量還比匈奴強大，小不忍則亂大謀，一旦發生戰爭，自己的實力不濟，很可能會戰敗，還是再忍讓一回，等以後有了合適的時機，再與東胡算總帳。

於是，他強作笑顏，勸告群臣：「天下女子多的是，而東胡卻只有一個啊！豈能因為區區一個女人傷害與鄰國的友誼？」這樣，他又把愛妻送給了東胡國王。

之後，他召集群臣，指明東胡氣焰囂張的原因，分析了當時的形勢，鼓勵大臣們內修實力，外修政治，以後將丟的面子找回來。群臣聽冒頓分析得有道理，於是也按照冒頓的

五、厚道但不陰險：厚德載物

要求兢兢業業地治理國家，以圖日後能夠雪國恥，報仇恨。

東胡國王輕而易舉地得到千里馬與美女，就認為冒頓真的懼怕他，更加驕奢淫逸起來。他整日燈紅酒綠，尋歡作樂，不理朝政，國力越來越衰弱。然而他卻毫無自知之明，又第三次派人到匈奴去索要兩國交界處的方圓千里的土地。

此時的匈奴又怎麼樣呢？匈奴經過冒頓及其群臣多年臥薪嘗膽的治理，政治清明、實力雄厚、兵精糧足，老百姓安居樂業，已遠遠超出了東胡。

東胡的使臣來後，冒頓召集群臣商議，大臣們不明白他的態度，都在那裡沉默，有人耐不住這可怕的寂靜，聯想到以往兩次的事，就試探地說：「友誼可能重於一切，我們就送給他們千里土地好了。」冒頓一聽，怒髮衝冠，拍案而起，振振有詞道：「土地乃社稷之根本，豈可割予他人！東胡國王霸我皇后，索我土地，實在是欺人太甚！是可忍，孰不可忍？！現在天賜良機，我們要滅掉東胡，以雪國恥！」他親自披掛上陣，眾人同仇敵愾，一舉消滅了毫無防備的東胡。

冒頓將丟臉視為一種磨練，把丟臉作為一種與敵人鬥爭和周旋的策略，他透過丟臉使群臣意識到弱國被人欺的道理，鼓勵群臣和百姓發憤圖強，臥薪嘗膽，先壯大自己，然後再與敵人作戰，找回丟去的臉面，如果冒頓當時被奪馬霸

5. 勇於丟臉，厚臉皮追求成功

妻之後不願意丟臉，只是一味的意氣用事，與東胡發生戰爭，鑒於當時國力弱小，很可能會全軍覆沒，自己的政權被推翻。冒頓沒有這樣做，他將丟臉巧妙地轉化為刺激群臣和百姓辛勤勞作的外在因素，最後滅掉了東胡，將自己多次丟的臉一次挽回。

「面子」無價，因為它代表著人的尊嚴，失去尊嚴的人一文不值。「面子」該棄，厚臉人得到的遠比尊嚴更寶貴。

五、厚道但不陰險：厚德載物

6. 尷尬之際，厚著臉才能少丟臉

厚臉皮往往是心理素養過硬，心智聰慧的表現，只有厚臉皮才能遇事從容鎮定，隨機應變。

一個人丟臉以後的表現，可以體現出他的心理素養如何，也可以檢驗他的臉皮薄厚程度。臉皮薄的人往往心理素養差，當他們因為某件事情丟臉後，他們往往表現為緊張、焦慮、煩躁、羞愧和無所適從。正因為這樣的心理控制了他們的大腦思想，所以他們就不可能在這種高度緊張的情況下，再去認真考慮如何將丟失的面子再找回來了。

厚臉皮的人往往心理素養好，當他們因為某件事情丟臉後，他們往往表現為鎮靜、大度、從容和反應靈活，這樣的特點使他們不會因為自己丟臉而思考停滯，他們在丟臉之後不會慌亂，甚至能夠靈機一動，想出好的策略和方法，把自己丟的臉找回來。

反應靈活就是在出現尷尬局面時，透過各種方法使自己少丟臉，不丟臉，丟對方的臉。

(1) 透過自嘲主動丟臉以示厚臉皮

自嘲，是指在面對不利形勢時，或者在已經丟臉的情況下，自我諷刺、挖苦，主動地使自己再多丟一些臉。但是這

並不是目的，自嘲的真正目的是少丟臉。

人們之所以要自嘲，必定是因為他們已經丟了一部分臉面。自己丟自己的臉，有為別人代勞的作用，既然自己已經很自覺地把臉丟了，別人就沒有必要再丟你的臉了。他們自嘲又主動地丟更多的臉面，很有可能達到負負得正的效果。

自嘲這種方法有兩個作用，一是轉移人們的注意力。他們的注意力原來關注的是自己丟了臉，自嘲可以將他們的注意力轉移到其他方面。二是表明自嘲的人不在乎剛剛丟失的臉面，其暗含的意思也是讓人們不必過多地關注剛剛發生的丟臉行為。

(2)透過巧言達到不丟臉

自嘲可以使一個人丟的臉減少到最小程度，但是無論如何，他還是要丟一些臉的。自嘲不可能將丟的臉全部找回來。

既然丟臉不是什麼光彩的事，所以一旦我們丟了臉，肯定會希望將丟的臉全部找回來，這有什麼辦法嗎？

巧妙的運用語言的藝術可以做到這一點，恰當的言詞、妥貼的話語常常可以改變一個人的尷尬處境，並且把丟的臉全都找回來，這非那些臉皮厚的人不可為之。

臨危不亂需要有超人的勇氣，巧妙的利用語言找回已丟

五、厚道但不陰險：厚德載物

的臉需要靈活的頭腦，而不管超人的勇氣還是靈活的頭腦，都是與臉皮厚連繫在一起的。

(3)設法使對方丟臉

這裡的對方，指的是那些使我們丟臉的人，這些人往往不懷好意，利用各種可乘之機，搜揚刮肚，想方設法，以使別人丟臉為快。

對待這種人，我們要以眼還眼，以牙還牙。讓他們丟更多的臉，在此基礎上將自己丟的臉找回來。

晏子是齊國的大夫，有一次他出使楚國，楚王和他的左右想要羞辱他一番，便故意與晏子站在前庭說話。

這時，武士押著一個人從楚王面前經過，楚王問道：「綁的是什麼人？」武士回答說：「是齊國人。」楚王瞅了一眼晏子，挑釁說：「齊國人生來就是盜賊吧？」

晏子針鋒相對，說：「大王，江南有桔樹，把它移栽到江北，就變成了枳樹，之所以如此，那是隨著地方的不同而產生變化。當今的齊國人，在齊國不偷不盜，很守本分，到了楚國就胡作非為，大偷特偷起來，這大概是楚國的惡習薰染的吧。」

讓對方丟臉，從而找回自己已丟的臉，這只適用於那些，對方妄圖丟我們的臉使我們難堪的情況。我們在讓對方

6. 尷尬之際，厚著臉才能少丟臉

丟臉時，還要按照著對方使我們丟臉的路徑走，這樣效果才最好。

麥可‧康奈利（Michael Connelly）是美國的劇作家，他的作品深受觀眾好評。麥可‧康奈利最為突出的特徵就是他那難尋一毛的禿頭，有人認為這是智慧的象徵，也有人取笑它。

一天下午，在飯店裡，康奈利遇見了一位中年人，這位中年人看到康奈利的禿頭，便用手摸了摸，然後一臉得意地說：「我覺得，你的頭頂摸上去就像我老婆的臀部那樣光滑。」聽完他的話，康奈利滿臉狐疑地看了看他，然後他也用手摸了摸，說道：「你說得一點也不錯，摸上去確實像你老婆的臀部一樣。」

一句話說得那個中年人臉色大變，沒成功嘲弄別人，倒使自己受到嘲弄。

康奈利在受到中年人的嘲弄後，沒有直接地反駁他，而是按照他嘲弄自己的方向繼續往下走，結果卻得出了違背中年人初衷的結果，羞辱了這個不懂禮貌的中年人。

五、厚道但不陰險：厚德載物

7. 形勢不利，厚臉皮才能自保

在形勢不利的情況下，讓自己有面子絕對需要一張厚臉皮，因為缺少一張厚臉皮，一個人就不會在不利形勢下思想活躍，像平時那樣反應靈敏。

在不利形勢之下讓自己有面子，這是應付尷尬局面的最高境界。因為尷尬局面發生後，自己已經丟了臉，要想部分或全部挽回已丟的臉面已屬不易，而在這樣的基礎上，不僅要全部挽回已丟的臉面，而且還要讓自己有面子，這更是難上加難，正因為它難達到，所以一旦達到，效果應該是出奇得好。

臉皮厚卻可以保證一個人在遇到尷尬局面時，像平時一樣聰慧。

有位素養非常高的電視節目主持人。有一次，擔任一個晚會的主持人。晚會有條不紊地進行著，臺下的觀眾們也是非常熱情。

一個節目結束了，主持人到臺上時，一不小心絆倒了。臺下的觀眾席立時響起了一片唏噓聲，有為他擔心的，也有為嘲笑他的，摔倒在地的主持人站起身來，毫不緊張，他面帶微笑，對觀眾說：「朋友們，今晚你們真是太熱情了，你

7. 形勢不利，厚臉皮才能自保

們的熱情禁不住都讓我傾倒了，謝謝大家。」

幾句精彩的話立刻博得了全場熱烈的掌聲，在觀眾的大腦中，對他摔倒在地的印象已毫無痕跡，而他從容地處理尷尬局面的能力，卻深深地刻在腦海中。良好的應變能力正是一個主持人最為重要的素養，人們更加嘆服他的主持才能了。

當形勢不利的情況下讓自己有面子，往往需要人們根據當時的實際情況展開聯想，曲解自己的丟臉行為，化解丟臉的情況。

唯有臉皮厚的人面對極為不利的處境時才不慌亂，反應靈活。因為臉皮厚的人一般都有比較好的心理素養，而這能夠幫助他們在面對突發事件時，找到良好的解決辦法，可以讓那些令自己丟臉的人丟臉，或者讓自己有面子，反敗為勝，化險為夷。

大海因厚而博大，大地因厚而承載萬物，人因臉厚而成就人生的大業。

五、厚道但不陰險：厚德載物

8. 巧妙拒絕，甩掉人情包袱

現實生活中，許多人為「人情包袱」所累，幾乎不堪重負，皆因臉皮太薄所致。所以，只有常扮黑臉，才能扔掉這些「包袱」，輕鬆自在地生活。

人要想活得輕鬆，最好不去背無謂的「人情包袱」，不要因為拒絕了別人而有愧於心，不要為說自己對別人的請求無能為力而感到丟臉，不要因為掃了別人的面子而難為情，不要違背自己的心意去打腫臉充胖子，對於自己不便辦理和難以辦到的事，應當厚著臉皮推辭掉，甚至有時扮扮黑臉也無妨。

有位著名的書法家，是一位炙手可熱的大名人，登門造訪的人總是接連不斷，簡直踏破了門檻。

直言不諱地說，到他家的人雖多，但是純為探訪而不有求於他的人可謂稀如星鳳。求的內容，大致有二：一是舉辦某某活動，欲請先生光臨、捧場；二是求先生揮毫寫字，用先生自己的話說則是，「將白的寫成黑的」。其實這都順理成章，先生名頭太大，在活動中一露臉，立即會有大群記者一擁而上，電視轉播，報紙載文，舉辦者臉上添光，知名度鵲起，有極高的社會效益；而字，一則具有高度藝術價值，掛

8. 巧妙拒絕，甩掉人情包袱

於客廳中可臨摹，可欣賞，可炫耀，二則雖人人都不會公開承認，但是私下裡一致認同，可賣大價錢，是為可居的奇貨，能獲得可觀的經濟效益。

試想，如果對這些人一一照顧，個個給面子，豈不是要累死？那些人個個是厚黑高手，全有一套死纏爛打的功夫，委婉的拒絕是沒有用的。因此，這位書法家有時對他們毫不客氣，乾脆「黑」起臉來，將其拒之門外。

一日，電話鈴聲忽然大作，書法家正在處理文稿，猶豫著本來不想接，但是打電話的人極有耐心，他擔心是老朋友打來。接了，一問對方姓名，並不認識。問何事，對方稱先生曾為某書題字，現該書已出，欲明日親自送來。先生當即說：「謝謝。不過這樣的小事，你也不必跑了，用郵局寄來即可。」對方非要前來，稱為探望。先生解釋道：「我現在很忙，身體又不大好，你來我也無力接待，請原諒，書還是寄來吧。」

對方不肯，先生索性挑破窗戶紙，單刀直入，問：「你說你還有什麼事吧。」對方稱沒事，就是想看看你。先生答道：「你既然那麼想看我，也行。我給你寄張相片去，你可以從從容容地看。」此人仍不罷休。幾個回合之後，先生被逼到「牆角」，於是說：「好吧，你明天何時來。就在大門口，你也不用進我的門，你不是就為了看我嗎？我們就在門

五、厚道但不陰險：厚德載物

口對著看，你看我，我看你，你要是近視，戴上眼鏡，我也戴上老花眼鏡，好好看你半個鐘頭，夠不夠，若不夠，看兩個鐘頭也行。」對方聽先生動怒，又拉出一張「虎皮」，說先生的某某老友也要同來。先生再一細問，對方又說先生的這位老友前些日子出差在外，不知明天能否回來。先生氣得不得了，乾脆掛上了電話。

魔高一尺，道高一丈。打電話的人臉皮夠厚，老先生臉子夠「黑」，最終這位書法家還是沒有背上這個「人情包袱」。

9. 聽取批評，勇於改進

一般情況下，人如果捱罵或受到警告指責，就會感到面子上掛不住，心裡不痛快，如果此時，厚顏以對，有則改之，無則加勉，就會耳順心舒，身心坦然。

常人都樂意聽好話、表揚話、奉承話、恭維的話、鼓吹的話、抬舉的話。這些話，不論是當面聽到還是背後聽到，也不論這些話是真的還是假的，也不管說這些話的人是誠心善意的，還是虛情假意或惡意的，都喜歡聽。

與此相反，常人總是討厭聽批評指責的話，討厭聽不滿自己的話，討厭聽指出自己失誤的話。不論這些話是當面聽到還是背後聽到，也不論這些話是真的還是假的，也不管說這些話的人是誠心善意的，還是有意中傷的都討厭，都不願意聽到。聽到這些話總覺得逆耳，心中不愉快，臉上掛不住。

殊不知，這正是常人常犯的一種錯誤，一種臉皮過薄的錯誤，一種由心理脆弱或無自知之明，或追求虛榮所導致的一種錯誤。

面對批評和讚揚，人們近乎本能地拒絕前者而喜歡後者。這除了可能是批評者缺乏批評藝術的原因外，更主要的是，批評和讚揚的本身會使人產生兩種相反的心理反應。當

五、厚道但不陰險：厚德載物

一個人受到批評時，往往會覺得丟臉、難堪、悲傷、惱火而生氣；而在得到讚揚時，會有振作、興奮、自豪、愜意、快樂的感受。因此，人們一般不會認為被批評是件舒服的事。

一個人為了維護自己的面子和自尊，或擔心缺點和錯誤被人看穿會影響自己的成功和發展，常常就會有意無意地以種種方式來拒絕、逃避批評，很少有人會真正地把批評看做是針對自己的行為而不是人格。即使是「忠言」，聽起來也「逆耳」。

從理智上說，沒有多少人不懂得「人無完人」的道理，也沒有多少人不知道對待批評應本著「有則改之，無則加勉」的態度。平時，我們不難聽到或看到人家使用「歡迎批評」一類的詞語，甚至自己也不只一次地用過。但是實際上，一旦有人真的提出批評時，受批評者往往就會像遇到電擊一樣立即縮回，採取拒絕、逃避的形式為自己辯護。

這種經歷和體驗，你、我、他大概都不陌生吧！面對批評，人們腦子裡首先想到的多半不是自己的過錯，而是「大家跟我差不多，你為什麼只和我過不去？」「你不拿鏡子照照自己，有什麼權利批評我？」「我哪裡得罪了你，你何必這樣？」「你無情，別怪我無義。」等一類的反應。因此，如果批評者是你的上司，你即使不便頂撞幾句，也可能耿耿於懷，在工作中消極抵抗；如果批評者是你的同事，你即使

9. 聽取批評，勇於改進

不大發雷霆，也可能會報以諷刺挖苦，或伺機找碴；如果批評者是你的同學或朋友，你即使不和他吵一架，也可能會責怪對方背叛了你，並把你們之間的情誼打上句號。

走出這個失誤的辦法，單靠籠統地告誡自己下次要虛心接受批評是缺乏約束力的，應該讓自己的臉皮厚一些，再厚一些，硬著頭皮聽取對方的批評。具體說來，應分兩步來解決：

第一步，要耐心傾聽批評。當別人對自己提出批評時，你既不要急於反駁、辯解，或阻止，或拂袖而去，也不要嬉皮笑臉、滿不在乎，或漫不經心、假裝糊塗。既不要輕易斷言批評者懷有惡意、敵意、居心不良，或故意挑剔，對人不對事而大動肝火，也不要驚惶失措、再三道歉，或無地自容、低聲下氣，把自己看得一錢不值。而應該保持自然大方的表情和姿勢，認真而耐心地聽完對方的批評，然後用自己的話簡明地概括出他批評的大意，並問他是不是這個意思，還有什麼要補充的。

在傾聽批評的過程中，如果你感到自己快忍不住了，可立即這樣提醒自己：「我非完人，別逃避，別發火，別害怕，聽完再說。」

一般說來，批評者並不能從批評中獲得什麼好處。相反的，可能還有所失。如果他提出的批評是誠懇、善意的，利

五、厚道但不陰險：厚德載物

於受批評者改正缺點或錯誤，而如果他出於惡意、敵意、動機不良，那他便暴露了自己，便於你早做準備並尋找對策。怕就怕別人對你早有意見，心懷不滿，表面上又對你一副笑容，甚至讚揚，卻在背後搞鬼，或在關鍵時刻突然對你發難。

第二步，要學會接受批評。首先要有能夠接受批評的胸懷。其次，要有接受批評的勇氣。如果別人發現了你的缺點、錯誤，批評得有道理，你不要拒絕人家的好意，更不必擔憂接受批評便矮人一等。拿出勇氣改正自己的缺點和錯誤，你下次也許就不會出現類似的差錯了。

第三步，要有接受批評的智慧，要是別人批評得有道理，但是方式、方法不對，你可以把它改為自己可以接受的方式、方法來解釋；如果別人批評錯了，你也宜先表示謝意，然後再做必要的解釋。至於對那些為了發洩個人的嫉妒、怨恨，糾纏早已結束的往事，或懷有其他惡意的批評者，你當然既有權提出正告，又沒有義務去接受。

在一般情況下，人如果捱罵，或受到警告、指責時，大家都會感覺面子上掛不住，心裡不痛快。此時，你不妨把上述道理回想一遍，你的內心就會平靜許多，臉上也就坦然許多。

願聽讚揚奉承話的人常見，而願聽批評斥責意見的人少見。所以世上平凡流俗的人多，有厚顏大智的人少。

10. 厚臉攻心，巧用奇招

　　人非聖賢，所以也就不可能不受欲望的誘惑。只是不同的人對誘惑的抵抗力不同罷了。所以面對自己的上司，如果能厚著臉皮攻破他的心靈缺口，你就會為自己的前進的道路，開闢一條坦途。

　　清心寡慾的人對誘惑的抵抗力稍強一些。欲望多且強的人對誘惑的抵抗力稍弱一些，不管哪種人，都會受到外界各種誘惑因素的影響，只是程度不同罷了。

　　人類欲望的種類很多，如，貪欲、食慾、色慾等。不同的人對不同的欲望有著不同的要求，有些人強烈要求的東西不一定也是別人強烈要求的，每個人都有自己的欲望偏好。這個欲望偏好也就構成了他的心靈缺口，心靈缺口是最容易被攻破的壁壘。只要能夠抓住一個人的心靈缺口，就能夠找到打動這個人的辦法，使其為己所用。

　　面子與心靈缺口是有著緊密連繫的。當我們知道一個人的心靈缺口時，也就是說我們知道了他的欲望所在，如果我們能夠滿足他的欲望，那麼就是給他面子，如果我們能夠滿足他最強烈的欲望，那麼就給了他最大的面子。因此，當我們要給別人面子時，就要了解別人最強烈的欲望，即了解別

五、厚道但不陰險：厚德載物

人最在乎什麼，一旦滿足別人最在乎的方面，收到的效果往往是出奇的好。

某市市長是從外地某副市長職位上調來上任的，因為還沒有正式任命，所以其市長前還有個「代」字。這位代市長一心想在這個新環境中創造一個好印象，讓這裡的老百姓都覺得他是好官，並且才能非凡。於是，他找來兩名心腹為他出出主意。這兩名心腹說：「為官訣竅，市長大人本是應該清楚的。俗話說，新官上任三把火。這第一把火必須在前任身上，即找出本市前任遺留下的問題，砍他一斧頭；其二是立新規，要把過去的政府裡的一些制度做一些改變，使大家按照您的要求來運作政府機構；三是樹立一個政績工程，並大張旗鼓地予以宣傳，這種工程又好看又實惠。」

市長聽了，為難地搖了搖頭，說：「這些我確實都考慮過，第一，前任市長是我的表叔，我本是他提拔上來的，他的缺點我還要為他掩蓋，怎能去找他的碴；第二，制度更改，這倒是可以考慮幾條，但是改來改去也沒有什麼新鮮玩意，一時很難奏效；第三，現在這市裡經濟拮据，外面的債欠了不少，就連公務員的薪資都不能按時發放，你叫我怎麼去弄一個大工程？」這兩個心腹見這三條祕訣一一被否，真是一籌莫展，再也想不出好主意。於是這成了代市長的一塊心病。

沒想到此事被本市屬下一名副縣長知道了，他正擔心找

10. 厚臉攻心，巧用奇招

不到靠山上進，這可是個好機會。於是他來到市裡向代市長獻策道：「目前樹立您好形象的最好辦法，是讓大家都了解您的才華和能力，這樣人們必然會對您產生好印象，並進而對您樹立起信心。」市長問：「一件實事沒做，怎麼能讓人們相信我有才華和能力呢？」副縣長說：「這個您交給我辦就是了。我有個教授朋友，只要我打個招呼，讓他找幾個研究生為您寫篇論文，寫個幾萬字，甚至十幾萬字的論文在報刊上發表，一個月之內絕對搞定；另外，我還有兩個當記者的同學，讓他們為您在原任的政績，特別是您在反腐倡廉方面的表現寫一兩篇報導，這個全部可以在短時間內生效。」

市長聽了很開心，於是笑著說：「你這算不算向我行賄呢？」副縣長也笑著搖搖頭：「不算不算，這種事與經濟沒關係。再說，論文到時也要你過目，只要您提點修改建議，這裡面便有了您的創意；至於您過去的政績，那是有目共睹的，誰還會否認事實？至於筆法上誇張些，細節上稍有出入，那即使認真起來，也不過是記者調查得不全面，觀點稍有偏頗罷了，那也是情有可原的。」市長聽了，終於高興地握住這位下屬官員的手說：「好，好，從今天起，我們就算老朋友了。」副縣長受寵若驚地說：「今後還要多靠您栽培。」

不久，寫著這位市長大名的一篇論文在一本大型刊物上發表，另外一篇論文也在頭版發表。幾個月後，那位副縣長

五、厚道但不陰險：厚德載物

被調到鄰縣當上了縣長。了解別人最在乎什麼，並且提供給他最在乎的東西，這會使他產生一種極大的滿足感。同時，他也會感到自己臉上極有光彩。一個人在一段時間內，對於一個東西可能很在乎，這時，只要你提供給他這件東西，他會對你無比的感激與賞識。並且這種效果，要遠遠比你提供給他許多別的東西更好。

了解別人最在乎什麼，是給別人面子的一個極其重要的方式，要想利用好這個方式，需要注意：

首先，要確切了解別人最在乎的東西是什麼，要發現他最在乎的東西，這是你能利用這一點給別人面子的前提和基礎。

其次，在了解了別人最在乎什麼之後，要透過適當的途徑和方式將這種東西提供給別人，如果途徑和方式使用不當，也會影響最終的效果。

在你給別人面子時，找到別人最在乎的東西，並厚著臉皮以適當的途徑和方式提供給別人，往往會使別人感到一種超乎尋常的滿足，他們會覺得贏得了莫大的面子，因為別人對你提供的東西滿意，所以你也就能從中獲得極大的好處，達到自己的原來目的，為自己贏得更大的面子。這其實是厚臉皮之功。

11.「厚道」與「黑心」不可混為一談

　　為人處世,可以「厚臉皮」,但是不可「心黑」。只有這樣,才能使自己更具魄力,順利開展各項工作。

　　在當今世界,為了在事業上取得成功,你必須具有完成工作的意志和毅力。在鬥牛士中,有許多人能夠貼近牛角鬥牛,表現出極大的勇氣和高超的技藝,可是人們公認的出類拔萃、鶴立雞群的鬥牛士,是他們怎樣看準時機,迅速、俐落地殺牛。

　　迅速、俐落地完成工作的勇氣——那就是一種本能,每一位偉人和每一個成功者都具有這種本能。這種本能,既可以幫助某人完成偉業,造福人類,也可以驅使某人帶給地球災難。一把刀有很大的使用價值,沒有它,生活將會極不方便。但是,刀也會是致命的凶器。

　　本能是厚、黑之道的另一方面。自從穴居人時代開始,它確保人類戰勝具有破壞力的自然環境,保證人類得以生存。在如今的文明社會,人的行為比較粗野的部分已經被粉飾和美化了。本能的外表已經產生了變化,即便如此,在當今世界的一些地方,本能的動物本性依然如故。運用形式迥異,但是實質未變。

五、厚道但不陰險：厚德載物

當然，這裡我們所提倡的絕不是悖德狂式的暴力行為，我們要敘述的不是外表行動，而是指引你的意志，使你的行動能夠實現自己目標的內心狀態。倘若我們有著一線希望，可以糾正自己膽小如鼠的本性，我們絕不能對現實的陰暗面視而不見。如果我們的敵人運用行狠的本能傷害我們，那麼，我們就不應該迴避這個問題。正如偉大的軍事謀略家孫子所說：「知己知彼，百戰不殆。」

一種健康的、經過長足發展的「行狠」的本能，有助於我們完成高尚的任務，或者幫助我們克服生活中難以預料的障礙。

萊雅曾經受僱為一家美國公司的產品開發亞洲市場。萊雅與沃利達成口頭協議，他的公司將每個月支付僱用金給萊雅，此外再從萊雅推銷產品的總額中付給萊雅一定比例的報酬。

跟沃利剛做了一段日子之後，萊雅就向他提交了一份正常的工作合約。他們討論了合約中的一些枝節末葉的措辭問題，沃利答應讓人將合約重新列印一遍。隨著萊雅對沃利的進一步了解，他那正直的職業作風使萊雅欣賞不已。正因為如此，萊雅忽視了催辦那份尚未完成的合約。時光不知不覺地過去了三年，合約仍未簽訂。然而，萊雅還是毫不擔心。

這時，沃利將公司百分之五十的股權賣給了自己的一位

11.「厚道」與「黑心」不可混為一談

德國合夥人。萊雅對自己那份尚未簽訂的合約照舊不聞不問。沃利的女婿彼得接任這家公司的總裁，萊雅跟他的妻子和姻親們是好朋友。

彼得接管亞洲專案之後，萊雅跟他提起過她的那份還未簽訂的合約。他一再對萊雅說，他將看一看合約，而且他覺得不會有什麼問題。

萊雅為彼得做了一年之後，決定辭掉自己擔負的職責，解除自己的一些職業負擔。萊雅告訴彼得，她想簽訂那份合約，這樣她就可以繼續獲得自己有權獲得的那部分錢。彼得說：「噢，那我們得看看你還有多少年可以得到這筆佣金，也許三年，或者五年。」萊雅提醒他說，最初的協議中沒有規定期限。

六個月過後，萊雅的談判還是毫無著落。問題是，她手中已經沒有討價還價的資本。她被迫聽任彼得的擺布，他寧可把錢緊緊握著，也不願發發慈悲。他在炫耀自己的權力，試圖證明他是一位多麼精明的做生意的能手。

彼得的一舉一動猶如一頭氣勢洶洶的公牛似的，昂然屹立在一位手持短劍的鬥牛士面前。萊雅感到軟弱無力，滿腔憤怒和蒙受了恥辱。

萊雅向他挑明，要是他不及時解決這個問題，她沒有別的選擇，只能通知所有自己介紹給他的亞洲客戶，告訴他們

五、厚道但不陰險：厚德載物

自己被欺騙。萊雅向他保證這不是空洞的威脅，而是一種絕望的措施。萊雅給彼得當頭一棒，隨後又戳他的自尊心，因為彼得炫耀自己是一位虔誠的基督教徒。

「彼得，如今我完全處於一種無能為力的境地，任憑你的擺布，我威脅你，因為我沒有別的辦法，也沒有其他牌可打。當你把一條狗逼到牆角，使牠無路可走時，牠就會跳牆而逃，不管你希不希望牠這樣。」

嘿，這招真靈。彼得意識到，萊雅所蒙受的恥辱太大了，也許會採取各種方法報復。損毀他個人的名聲和他的公司在亞洲人中的信譽，的確存在這樣的可能性。二人相互妥協，他將再付給萊雅二十一年的佣金。

他們的談話結束之後，彼得問萊雅：「你正在寫的書，主題是什麼？」

萊雅告訴他說：「如何不被別人欺騙。」

彼得不自然地大笑道：「你還沒失去幽默感。」

在這個事例中，萊雅如果不「行狠」，就可能被彼得的「心黑」所吞噬。在處世中，當別人以「心黑」待你的時候，你以「行狠」應對，方能保障自己的權益。一味地溫良恭儉讓，只會成為任人宰割的「羔羊」。

領導對下屬「狠」一點未嘗不可。因為沒有壓力，一個人很難進步。「狠」，其實也是一種愛護。

12. 黑心者終將自食惡果

　　為人處世厚臉皮，可以使自己避免很多不必要的麻煩，但是心不能黑。否則，結怨太深，樹敵太多，往往會自食惡果。

　　蠍子欲渡河，正因不會鳧水而踟躕不前。忽然，水中鑽出一隻青蛙。「青蛙大哥，麻煩把我送過河去。」蠍子苦苦哀求。青蛙說：「你不會用尾刺螫我吧！」蠍子急忙說：「絕對不會的。你知道我不會游泳，如果我螫了你，你死了，我也會淹死啊。我們同舟共濟，我害你，也會害到自己啊！」青蛙細細思量：道理確實如此。於是牠便馱起蠍子，向河對岸游去。

　　剛到河中央，蠍子忍不住用尾刺狠狠螫了青蛙一下。青蛙在水中，艱難地回過頭，看著蠍子說：「我們都要死了，你說好我們是同命運的，為什麼要螫我呢？」青蛙四肢麻痺，開始向水下沉。這時，蠍子拚命從水中伸出頭來，對著藍天說：「我也不知道這是為什麼，我的天性就是如此啊！」

　　黑心的蠍子，最終和青蛙一起屍沉水底。

　　這個寓言向世人昭示著這樣一個真理：為人處世不可過於心黑，黑心者必將自食惡果。

五、厚道但不陰險：厚德載物

商紂王可謂是其心之黑，黑裡透亮，黑到了家，然而最終落了個玩「黑」自焚的可悲下場。

紂王既寵幸妖媚的妲己，又愛聽讒言，而對於忠貞正直老臣的諫諍規勸，卻深惡痛絕，甚至視之如仇。為了威懾臣下，紂王採用了許多酷刑。當時三公中的九侯有個女兒，因對紂王的荒淫無道表示不滿而被殺。紂王覺得不解恨，又把九侯殺死，並把屍體剁成肉泥，這就是歷史上慘絕人寰的「醢刑」，三公中的鄂侯知道後，挺身冒死進諫，結果又被紂王碎屍切皮，晒成肉乾，名曰「脯刑」。

西伯昌（也就是後來的周文王）對紂王的倒行逆施既感憤恨，又擔心自己也會災禍臨頭，終日不安。果然，紂王的親信崇侯虎有所覺察，便向紂王告密說，西伯昌心懷不滿。紂王一怒，立即把西伯昌抓了起來，以防他亂說亂動。更殘酷的是，紂王又把西伯昌的兒子伯邑考先抓到朝歌，作為人質，後又殺死，用他的屍身做成肉羹，強令西伯昌喝下。紂王還幸災樂禍，血口詆毀：「看還有誰說他是聖賢，竟食親子！」

紂王為了杜絕進諫，鎮壓不滿，又炮製「炮烙」酷刑。先在粗銅柱上塗油，再在下面燃起炭火，然後把他認為有罪的人抓來，放到又滑又熱的銅柱上赤腳行走或跪爬，自然就會掉下燒死。紂王和妲己則坐在高臺上取樂。

12. 黑心者終將自食惡果

紂王的叔父比干，忠貞正直，多次進諫無效，最後表示，寧可以死相諫，也要勸誡紂王棄邪歸正。遂上朝對紂王進言：「現在天下怨聲載道，危機四伏。你不思改過，反而用酷刑亂殺無辜；用酒池肉林浪費黎民血汗，一旦國亡，如何對得起祖宗？」紂王一聽，大加怒斥：「天下歸我，你休提亂言，快快出去！」比干說：「你不聽忠言，我絕不退出！」紂王冷笑一聲：「你把我看成昏君，你成了聖人。聽說聖人心有七竅，我倒要看看你的心是不是與人不同！」隨即令人把比干抓起來，當場開膛剖腹，掏出他的心來。一代忠賢，就這樣慘死在紂王的屠刀之下。

菹醢碎屍，炮烙剖心，商紂王之心可謂黑絕古今，商紂王之毒可謂空前絕後，然而，物極必反，必將自食惡果。紂王的倒行逆施，引起天下黎庶群起而攻，朝中文武與他分道揚鑣，商朝的統治土崩瓦解。周武王乘機起兵，一舉滅商，紂王落得自焚而死，也正是他應得的下場。

古今中外，鮮有害人者不自食惡果的。以損人開始，必以害己告終。

五、厚道但不陰險：厚德載物

13. 響應時代，反對黑心

慈善為上，仁者無敵。施愛於人，則世界充滿愛與陽光；心黑所至，則爾虞我詐，人人自危。

被尊為「厚黑教主」的李宗吾先生的《厚黑學》問世以來，為許多對出人頭地、建功立業欲望極強的人士指點了迷津。李宗吾也講「厚臉皮」，但是他所說的「厚臉皮」是建立在「心黑」的基礎上的，其本質是教人要「心黑」，因為「心黑」者要做到厚臉皮是很容易的。我們不僅不提倡「心黑」，而且還堅決地反對悖德狂式的「心黑」。我們呼籲：處世可以厚臉皮，但是絕不能「心黑」。

心黑者取勝的原因在於不擇一切手段，放棄一切道德、人倫準則，只要於自己當官有益，賺錢有利，出名有用，那就毫不猶豫地使用它。為了我們文明社會的不斷進步，正直的人們不崇尚處世的心黑，但是面對心黑之徒的挑戰，我們唯有針鋒相對，才能遏制他們。你心黑，我也把臉用黑漆刷上，把心用鋼鐵裹起來，你能奈我何！

我們的社會提倡「仁者愛人」、「慈悲為懷」、「不要與惡人作對，有人打你的右臉，連左臉也轉過來由他打；有人想要拿你的裡衣，連外衣也由他拿去；有人強逼你走一里路，

13. 響應時代，反對黑心

你就與他走二里；有求你的，你也就給他；有問你借貸的，不可推辭。」但是心黑人士不吃這一套，在他們的頭腦中，聖人、佛祖、上帝都已不在話下，只要他自己成名得利，一世快活就夠了，我們抱著這些高尚的信條行事，反而成了他們利用我們的地方。於是這世上便出現一個愚笨的惡人擁有幸福，而善良的聰明人只配享有貧困的局面。心黑所及，人人自危。

為了正直的成功，誠實的勝利，為了每一個人以合適的方式在一生中贏得真正屬於自己的那一份幸福，必須反抗心黑者對我們的吞噬。天下沒有一種廣告能比誠實不欺言行可靠的美譽，更能取得他人的信任。一個言行誠實而自覺有正義公理為後盾的人，與一個欺騙說謊話而自知其說謊話的人，他們所能發出的力量的大小，真不知要相差幾千里！一個言行誠實的人，因為自覺有正義公理為反盾，所以能夠無愧疚、無畏縮地面對世界。他有「自反而不縮，雖千萬人，吾往矣」的氣概。而一個慣用欺詐伎倆的人，卻會在內心聽到這種聲音：「我是一個謊話者，我是一個卑汙者，一個戴假面具者。」

一個不誠實的人，會常常受內心的譴責，即使他貌似鎮定自若，也無法抑制這種譴責。

在當今，誠信是一種堅強的力量。一個講誠信的人，能

五、厚道但不陰險：厚德載物

夠贏得很多人的欽佩、讚譽、信賴和支持。從每一件小事上體現自己講誠信的做人原則，在處世中，才能真正樹立起自我講誠信的形象和名聲。

六、互利共贏：人生的藝術

六、互利共贏：人生的藝術

1. 利人利己，義利兩全

在當今市場經濟大潮中，商人言利，天經地義；商人講義，聚財得利。歷史和現實證明：義利之間相輔相成，相得益彰。

在走向全球一體化的過程中，最使人（尤其是知識分子）困惑的莫過於「天下熙熙，皆為利驅；天下攘攘，皆為利往」的義利不能兩全的傳統義利觀。其實，「義」只有「利」於天下，才能貴於天下。義與利並不矛盾，也不對立。利是人之欲，義是利之本。現代商界的義利觀，應該是：亦義亦利，利國利民，利人利己，義利兩全。

宋代學者葉適說：「正宜不謀利，明道不計功，初看極好，細看會疏闊。占人以利與人，而不自居其功，故道義光明。既無功利，則道義乃無用之虛語耳。」（《習學記言》）因此，虛論道義而無功利，與國、與民、與他、與己都是空話一句。

商人，歷來的口碑不好，很多人都認為他們重利輕義。然而現代商人可以自慰的是，他們是義與利的統一體。首先，現代商人，從法律的角度看，是納稅人，為國家納稅越多，貢獻越大。因此，利國者，義也。其次，現代商人把優

1. 利人利己，義利兩全

質的產品和優良的服務，奉獻給民眾，這個利民之舉，義也。第三，現代商人在企業、公司生產、開發、行銷、服務的過程中，解決社會就業問題，這個利人之舉，義也。因此，現代商人應該理直氣壯言利，大張旗鼓倡義，從而實現義利雙贏。

歷史上有許多「仁中取利，義中求財，義利雙收」的成功商人。他們常常被譽為「仁義之商」的楷模。

據《清稗類鈔》記載，清代乾隆年間，有一位以經營綢緞布帛而聞名京畿的王姓商人，人稱「緞子王」。

緞子王生意興隆，財源滾滾的奧祕在於他有一套商賈理念。他認為做生意「忠厚不蝕本，刻薄不賺錢」，要想生意興旺，財源茂盛，不僅要靠靈活的經營方式、良好的服務態度，而且更應貨真價實，市不二價，童叟無欺，以德經商，來贏得市場的信譽。那種昧著良心，摻假使巧，靠「賣狗皮膏藥」坑害顧客的做法，雖然能獲利一時，但是絕不會得財一世，最終會信譽掃地，身敗名裂，人財兩空。正是由於緞子王以誠處賈，以信經商，贏得了中外顧客的讚譽。

緞子王經商的仁義之舉，居然為乾隆皇帝所聞。在乾隆年間，一些外國使臣常來訪問。一天，乾隆皇帝徵求日本、朝鮮諸國使臣表達對本國的觀感，使臣們回答：來到這裡，不僅看到士大夫知書達理，就連一些市井商人也很講信用，

六、互利共贏：人生的藝術

行仁義，布公道。並指明東華門外開綢緞鋪的緞子王就是其中的一位。國外使臣崇尚中國綢緞華貴，但是常不知那些迷人漂亮綢緞的價格，給錢往往高於賣價，緞子王卻不多取分文，每次都將多餘的銀錢退回。有一次，使臣到緞子王店鋪買東西，忘了帶銀兩，緞子王就爽快地賒之，又以酒飯熱情待之，使得外國使臣們受寵若驚，深感中國不愧為禮義之邦。乾隆皇帝聞之欣喜，使讓人記下緞子王的名字。

後來，乾隆皇帝召見緞子王，問緞子王所為為何？緞子王回道：行仁義，布公道乃為人之本，經商處賈更應如此。利於顧客，能贏得顧客的讚許和信任，是商人的無價之寶；顧客的良好口碑，是商人的財源，利於商人，千金難買。乾隆皇帝聽了緞子王的此番經商高見，大喜過望，隨即表彰和重獎緞子王。

此後，緞子王名聲大振，先後在全國各地開分店達近50處，成為名賈鉅商。儘管如此，緞子王仍堅持自己的商賈理念，不以店大欺客，仁義經商，誠信處賈，義利兩全，名利雙收。

天下之利，豈可一人獨占。現代社會已是合作雙贏的時代，利人者方能利己，成人者必成己。

2. 幫助他人就是幫助自己

　　人際之間的交往實際上是一種互利互惠的關係。你幫助別人，別人也會幫助你。所以要想得到別人的幫助，你首先應該學會幫助別人。

　　《菜根譚》中有言：「處世讓一步為高，退步即進步的張本；待人寬一分是福，利人實利己的根基。」

　　為人處世之道，凡遇事時都要讓人幾步，才算是高明之道。因為讓一步就等於是為以後的進一步留下了餘地；應以寬厚的態度待人，因為給人家方便，同時也就是日後為自己之方便打下了基礎，亦即：幫助了別人，其實就是幫助了自己。這次你幫助了別人，下次你有麻煩時，別人也會來幫助你，這也就等於你自己幫助了你自己。因此，我們提倡助人為樂，幫人其實是幫己的處世之道。

　　眾所周知，幫助別人，首先我們能夠得到精神上的愉悅。每個人可能都有過這樣的經驗，當某人有困難時，自己出手扶了他一把，幫助他打通了路上的阻礙，我們在接受道謝和感受到自己力量的同時，也會由衷地感到一種從心底深處擴散開來的快樂。能夠幫助別人，說明自己有力量、有能力，以幫助別人的過程中，這種力量和能力被充分地釋放展

六、互利共贏：人生的藝術

現出來，這不但會使你的自信心增強，而且為自己以後能得到別人的幫助打下基礎。

大家也可能有過這樣的經歷，自己在做某事時，由於一個環節沒有打通，從而使自己身陷疆局，只得到處尋求幫助，最終在別人的幫助下取得成功，這時你可能更加深刻地體會到「幫助」是多麼重要。如果在這個過程中，你尋求的是你曾經幫助過的人，這次他一定也會盡力幫你渡過難關。如果是曾經需要你幫助，而你沒有去幫助的人，這次恐怕你也會得到同樣的下場 —— 他也不會幫助你。因此，從某種意義上來講，幫人確實是在幫自己。

「助人為樂」是人類思想的精華；「幫人其實就是幫己」則是雙贏人生的至理名言。你幫助了別人，別人也會幫助你，你和他都得到了幫助，最終實現雙贏。這也就是雙贏理念在現實生活中的運用。

每個人只有在他人的幫助之下，才有可能成就一番事業。然而，要想得到他人的幫助，你得先學會幫助別人。

3. 同甘共苦，分享成功

　　你敬別人一尺，別人會敬你一丈。在同一個公司，要學會尊重和幫助同事，與同事共享成功的喜悅。只有這樣才能贏得上司和同事的尊重和賞識，為自己成功開啟方便之門。

　　每個人在進入社會後，都會遇到「如何與同事處好關係」這個難題。特別是對於剛進公司的新職員來說，除了工作上的生疏之外，如何應付那些老職員也是令人頭痛的難題之一。更倒楣的是和那種喜歡倚老賣老、嘴巴又嘮叨的同事在一起工作，此時你該如何自處呢？你怎樣才能與他們互幫互助、同甘共苦，實現雙贏呢？

　　原則上，對於資深同仁應以敬重、客氣的態度待之，在聚會時，別忘了趁機表示敬重之意。你在此時表示出對他的尊敬，使他在心理上得到了愉悅的享受，在以後的日子裡，如果有機會提攜後進的話，他一定不會忘記你的這次表現。

　　有很多新進職員畏於資深職員的難纏，總是採取敬而遠之的態度，其實大可不必如此，反而應該積極地與他們接觸才好。

　　大家都知道，我們在學校裡所學到的只是滿肚子理論，一旦進入實際人生角逐場，往往沒有什麼大用。就以報告的

六、互利共贏：人生的藝術

寫法和資料的整理收集為例，便和課本上教的大不相同。更何況每家公司的作法都是自成一套，各不相同的，只有老職員才知道怎麼一回事。既然上司不可能詳細指導，除了向資深的人學習之外，別無他法。當然，其中不乏有人願意提攜後進，肯不遺餘力地傾囊相授，不過即使是遇到懶得主動照顧新進職員的人，只要你坦誠地向他們虛心請教，很少會遭到拒絕。如此一來，既可學習到前輩的技術，又可留下良好的印象，可謂一舉雙得，何樂而不為呢？

在與同事分享功勞方面，即使是憑你一己之力得來的成果，也不可獨占功勞。讓那些屬於同一個部門，曾經協助過你的同事一起分享這份榮耀吧！

別擔心你所做出的努力會被人遺忘，因為你的所作所為在上司眼中看得清清楚楚，如果自己一味賣弄、誇耀，反而會落得邀功之嫌，當然，同事也會覺得十分無趣，達不到雙贏的目的。

相對地，如果大大方方地與同事分享功勞，一方面可以做個順水人情，另一方面上司也會認為你很懂得做好人際關係，而給你更高的評價。

可是賣這份人情的手法必須做得乾淨俐落，不可矯揉造作，更不可對同事抱著「施恩」的態度，或希望下次有機會討回這份人情。

3. 同甘共苦，分享成功

　　就某種意義而言，大家在同一個公司裡，可以說是同舟共濟、甘苦與共，人人都應成為朋友，可以傾訴煩惱，互相幫助，更可借良性競爭發揮彼此激勵的效果。

　　不過，古有明訓，「君子之交淡如水」，這句話運用在同事之間的人際關係最適合不過。因為公司畢竟是一個成員眾多，又具競爭性的組織，既然你不可能和每個人都結為知己，就只有和他們保持「泛泛之交」，友善而又不至於彼此傷害對方的往來，才是明智之舉。

六、互利共贏：人生的藝術

4. 共同創業，共享利潤

與合作的夥伴同舟共濟，肝膽相照，榮辱與共，有福共享，互惠互利，此乃人際合作之「大義」。是達到合作雙贏的理想的人生境界。

自 1995 年 7 月以來，美國微軟公司總裁比爾蓋茲（Bill Gates）已連續 5 年被評為世界首富，他個人擁有的資產現已達到了 900 多億美元。微軟公司裡的百萬富翁也已多達 2,000 多人。而這一切卻是蓋茲與其好友保羅·艾倫（Paul Allen）共同創業，合夥創造的。愛倫的資產也已超過 100 億美元的大關。

在二十多年的時間內，蓋茲與艾倫所創辦的合夥企業從小到大，由弱到強，迅速發展，成為世界著名的大公司。微軟公司的發展壯大過程，是合夥企業從弱小到強盛的艱苦創業過程，是志同道合的合夥人同心協力、團結合作的創業過程。它反映了一個弱小的合夥企業如何走向強盛，反映了一個合夥企業準備、創辦、發展的全過程，反映了一個合夥企業如何從低階走向高級、從不規範走向規範的過程。

蓋茲與艾倫是中學時的同學，雖然艾倫比蓋茲高兩個年級，但是對電腦的共同愛好使他們走到一起。在中學的校園

4. 共同創業，共享利潤

裡，經常見到他們兩人一邊喝著可樂，一邊嚼著薄餅，面對面的談得相當熱烈。有的同學想加入他們這個圈子，可是聽不進去他們的話題，也無從插嘴，坐不多久就離去了，最終只有他兩人形影不離。他們經常埋頭在電腦的控制台上，沉迷於程式字元串成的海洋，如魚得水。正是這種共同的愛好和志向為他們今後的合夥創業打下了良好的基礎。

在中學時，他們就經常合作，為一些公司設計的程式找出錯誤，也為學校設計了電腦排課程式。一般來說，在條件許可的情況下，在共同創業之前，都應該像蓋茲與艾倫這樣，嘗試著合作，在合作中考察對方。因為有些人眼高手低，耐心不足，往往是說得比做得好，說得比做得多。與這種人一起合作，你就會發現許多平時難以發現的問題，這比你合夥之後才發現問題要好處理，因為這種鬆散合作的終止，比正式的合夥終止容易得多。

1975 年，蓋茲和艾倫終於做出了決定，共同創立微軟公司，為各式各樣的微電腦開發軟體。由於蓋茲在 BASIC 開發方面作出的傑出貢獻，微軟公司中的股份，他占 64%，艾倫占 36%。

1976 年 4 月，微軟公司來了第一位正式員工麥克，他是蓋茲中學時的同學，負責改良 8088 微處理器的 BASIC 語言程式。第二個正式員工也是中學的同學。後來，又招收了兩

六、互利共贏：人生的藝術

位程式設計師。1976 年 11 月，艾倫辭去了在另一公司的工作，全心全意投入微軟公司。與此同時，蓋茲不顧父母的反對，毅然退學了。微軟公司的發展一帆風順，在短短的時間內，公司客戶的名單中就出現了通用電器公司、安迅公司、德州儀器公司、日本理光公司和美國銀行等大公司企業。

隨著微軟公司的規模不斷擴大，企業的迅速增加，蓋茲與艾倫決定將微軟公司從鬆散式的管理向正規化的管理過渡，使微軟公司由低階向高級、從鬆散向規範發展。1980 年，對微軟而言是個值得紀念的年分。這年 6 月，蓋茲在大學的同學帕爾梅進入微軟公司任總裁助理。帕爾梅具有天生的經商才能，他的加入，將蓋茲和艾倫從經銷瑣事中解放出來，這位曾攻讀過商業管理碩士學位的高材生，很快便讓微軟公司各項事業系統化起來，走上了有條不紊的運作經營之路。正因為帕爾梅的到來，微軟有了新的轉機。為了留住這個難得的人才，蓋茲讓帕爾梅擁有了 5% 的股權。

1981 年，IBM 公司推出了第一代個人電腦 IBM PC 機，並接受了微軟公司開發的 MS-DOS1.0 版作為 IBM PC 機的作業系統。由於 IBM PC 機的銷售量日增，MS-DOS 便成為了開發的標準和基礎，這是決定性的一步，從而使微軟公司成了最大的贏家。1981 年，微軟公司的收入已增加到 1,600 多萬美元。

4. 共同創業，共享利潤

從 1975 年創業到 1981 年，微軟公司內部的財務管理相當原始，公司的進出帳目全靠人工處理，把負責這項工作的人忙得精疲力盡乎。蓋茲忙於產品開發和市場拓展，完全顧不上公司內部的管理，稅務方面也沒有合理的計算，結果所賺的錢一大部分流入了稅務機關。微軟公司的內部管理到了不能不改善的地步了。於是，蓋茲聘請了原泰克斯特朗公司的總經理詹姆斯擔任微軟公司的總裁。由此，蓋茲消除了後顧之憂，全力投入應用軟體的開發工作。

此後，微軟公司在蓋茲的支持下，繼續進軍電腦軟體市場，取得了輝煌的成績。1992 年，微軟的市場價值高達 219 億美元，首次超過美國久負盛名的巨型企業——美國通用汽車公司。自 1986 年微軟股票上市以來，已上漲了 12 倍，微軟的員工幾乎都成了超級富豪，蓋茲、艾倫和帕爾梅的資產則超過 100 億美元。

作為一個從很小的資本開始合夥起步，在短短二十年時間內快速發展為世界著名企業的微軟公司，留給我們的經驗是十分豐富的，我們可以從中得到許多有益的啟發，當然，最為重要的一點就是：共同創業，互蒙其利。

六、互利共贏：人生的藝術

5. 誠心合作，攜手共贏

人類力量的泉源在於合作，人類社會的發展源於合作，創造就是合作的結果。人類只有精誠合作，才能共享成功，才能推動社會不斷進步。

現代的社會是一個交往頻繁的社會。社會化大生產的集約化交通、通訊技術的發達，使世界變成了「地球村」，人際、國際交往日益頻繁。

同時，由於一系列全球性的威脅日益嚴重，生態危機、環境惡化、人口爆炸、資源短缺等全球性的難題，都要求人們具備全球觀念、合作意識，要求攜起手來，通力合作。個人如果不團結周圍的人，爭取一切可以爭取的外部力量來共同奮鬥，而是我行我素，閉門造車，其結果只會造成浪費。積極的合作則能利用整體的力量，形成最佳結構，發揮最佳功能。

人類力量的泉源在於合作，人類社會的發展在於合作，創造就是合作的結果。合作行為是伴隨著人類社會的不斷進步發生的。

離開集體的個體活動是孤立的活動，力量也是有限的。人類在主要靠體力生活的時代，無論是狩獵、捕魚還是採

5. 誠心合作，攜手共贏

集，如果只靠單個人的能力，那是難以生存的。因為單個人的力量，無法戰勝自然以取得物質生活。人類正是依靠合作，透過集體的力量，抵抗了自然界的威脅，才從弱小走向強大，從自然界的奴隸變成自然界的主宰。

在社會生活中，不與他人合作，萬事不求人的人是無法獲得成功的。社會是人們生活的依靠，合作一開始就是人類謀求生存的一種行為方式。合作行為與社會生活不可分割。

據心理學家分析，兒童大約三歲左右就會產生與人合作的願望和行為。社會中的人都有一種需要與別人親近的內驅力，這種內驅力在心理學上被稱之為「親和動機」，它推動人依親（尋求歸屬）、交友、家人團聚、參加社會群體性活動，以及幫助人等。

現代科學技術的進步、社會生產力的飛速發展，使人們合作的範圍也越來越廣泛。社會分工愈加精細，增強了人們之間依附關係的緊密性，以致個人不與他人合作便無法求得生存。在現代社會，任何成就的取得都絕非一個人所能為的，而往往是大家通力合作的結果。一分合作增加一分成功的機會。人們的合作正在走向世界，許多事情正在也必須由更多國家的人共同合作才能取得成功。

自上個世紀以來，獲得諾貝爾獎金的科學研究成果中，合作的成果增長得很快。他們共同合作，共同獲獎，實現

六、互利共贏：人生的藝術

雙贏。西方研究者研究的結果是：透過合作獲獎者，1901年至1925年只占全部獲獎者的41%，1926年至1950年增為65%，1951年至1972年上升到79%，至1998年已上升到84%。早在1950、1960年代，就出現了不少跨國研究活動，1957年7月到1958年底的「國際地球物理年」考察活動，由66個國家的學者一同進行。不久前世界氣象組織發動了百餘個國家和地區參加「全球大氣研究計畫第一次全球實驗」。1961年美國為期10年的阿波羅登月計畫，有42萬人參加，涉及2萬家公司，120所大學。我們可以預言，未來的社會的重大發明將多數屬於精誠合作的人才群體。當然，他們的成果也是共享的。

在現實生活中，有的人喜歡與人合作，也善於與人合作，因此能得到較多的成功，也產生了「三個臭皮匠，勝過諸葛亮」的效益；但是，有的人恰恰相反，由於不善於與他人合作，而失去了成功的可能，喪失了把握成功的機會。

到21世紀，住在「地球村」的人們，面對著人類的共同命運，必須精誠合作，才能共享成功的喜悅。那種沒有合作能力的人，是很難生存下去的，更不要奢望什麼成功。

人類由於合作，戰勝了滔滔洪水，戰勝了虎豹狼蟲。一旦離開了合作，孤立的個人注定會一事無成。

6. 良性競爭，避免兩敗俱傷

沒有競爭就沒有生命，沒有競爭就沒有蓬勃的生機與活力；但是競爭並不是爾虞我詐，不擇手段的欺壓與排擠。過度的競爭只會導致彼此倒退，兩敗俱傷。

從植物到動物，哪裡有生命，哪裡就有競爭。

從自然到社會，哪裡有競爭，哪裡就有生機和活力，就有朝氣蓬勃的生命。

沒有生命就沒有競爭，沒有競爭也就沒有生命。

競爭，或明或暗、或雅或俗、或和平或暴力、或經濟或政治、或群體或個人、或本能或自覺──凡競爭，必有勝負之分，成敗之別。優勝劣汰，物競天擇，是競爭的普遍規律。

在競相生長的植物群中，某些植物在競爭中「失利」，便得不到充足的土壤、水分、陽光，難免扭曲、枯萎、死亡。

在弱肉強食的動物界，某些動物在競爭中「敗陣」，便得不到充足的食物、住所、配偶，往往被排擠、吞噬、死亡。

六、互利共贏：人生的藝術

在兵戰、商戰等激烈的競爭中，受挫的國家、集團和個人，常常失去生存發展的有利空間以及資源、地位和機遇，以至被冷落、遺忘、歧視，受盡欺侮、壓迫、侵略、驅逐……

競爭，對弱者冷酷。它把一切廉價的同情和懦弱的傷感通通拋進冷酷的冰窟之中；把一切懶惰、愚昧、固執和偏見的劣根擊得粉碎；把一切道貌岸然、徒有虛名的「正人」、「君子」無情地甩到發展的軌跡之外，擠進死亡的深淵。

競爭，偏愛強者。它把一切優良的基因、強悍的實體、精明的才智和進步的文明，熱情地推上發展的大道、勝利的峰巔，使他們發展、發達，領盡風騷。

競爭，是對人類的擁抱，對進步的鍾情。自然界的競爭，淘汰了劣質的個體，為富有生命力的個體創造了繁衍的條件，從而優化了物種；社會的競爭，激發著一切個體的潛能，從而推動了人類文明的進步。

在現實生活中，運動場上的競賽，非要和對手分出勝負不可，或玩得比對手更出色。在現實生活中，可能會出現一家公司大大成功，其他公司照常運作的情景；也有可能出現一家公司一切照規矩運作，卻因為加入錯誤的競賽而慘遭淘汰。

商業活動能否成功，關鍵即在於確保參加正確的競爭。

6. 良性競爭，避免兩敗俱傷

但是我們如何知道自己加入的競賽對不對呢？如果不幸加入錯誤的競賽，有沒有辦法挽回？為了幫助經理人解答這些問題，這裡以博弈理論為基礎，發展出一套架構。50年來，競賽理論一直用於數學領域，如今正準備改變商場競賽。

1944年，數學天才約翰‧馮諾伊曼（John von Neumann）和經濟學家奧斯卡‧莫根施特恩（Oskar Morgenstern）出版了《競賽理論與經濟行為》（*Theory of Games and Economic Behavior*）一書，奠定了博弈論的基礎。50年後，也就是1994年，3位經濟學家因為在博弈論領域的傑出表現，榮獲諾貝爾獎，促使博弈理論大放異彩。

馮諾伊曼與莫根施特恩的著作問世，立刻被尊稱為本世紀最偉大的科學成就之一。透過博弈理論，人們便能系統性地了解競賽參與者（其命運與其他參與者相互依賴）的行為。馮諾伊曼與莫根施特恩區分出兩種競賽：第一種是「規則基礎競賽」，參與者根據特定「競賽規則」彼此互動，如合約、貸款契約、貿易協定等；第二種是「自由競賽」，參與者在沒有外在限制下彼此互動。例如買賣雙方的交易形式有無數種，目的都是要為自己創造更多價值。商業活動則是包含這兩種競賽的複雜組合。

就規則基礎競賽而言，賽局理論提供了原則：每一個行動都有一個反應。但是與牛頓第三運動定律不同的是，這種

六、互利共贏：人生的藝術

反應刺激不必要每次都是相同及對立的。想要分析其他參與者對你的行動可能產生的反應，你需要反覆推估不同情境下，所有參與者（包括你自己）可能產生的反應。你必須向前看，深入了解競賽過程；然後向後算，找出自己應採取何種行動，可以達成預期目的。

至於自由競賽，賽局理論亦提供了一個原則：你從競賽得到的不會超過你給競賽帶來的。商場上，特定參與者能夠為競賽帶來什麼呢？想要回答這個問題，我們不妨計算某競賽所有參與者創造的價值，然後剔除特定參與者，看看剩下參與者還能創造多少價值。前者減後者，就是特定參與者的「附加價值」。因此，處在非結構性的互動中，特定參與者得到的，不會超過他參與競賽的附加價值。

「自我中心主義」則是這兩種競賽的共同原則。換句話言之，許多參與者只關注自己所處的位置。博弈理論給人們的重要啟示之一，就是強調「利他主義」，也就是關注他人處境。想要向前看及向後算，你必須站在其他參與者的立場上思考。為了要評估你的附加價值，你不僅要問其他參賽者能夠帶給你多少價值，更要問你能夠帶給其他參賽者多少價值。

根據上述原則，我們可以設計適合個人及公司的競賽。

改變現狀所得到的好處，可能遠超過維持現狀的利益。

6. 良性競爭，避免兩敗俱傷

有「經營之神」之稱的日本財界首腦松下幸之助如是說：「企業是社會的『公有物』。因此，企業必須與社會共同發展。就企業本身來說，不斷擴大其營業範圍是很重要的。但是，這並不是說只追求一個企業的繁榮，而必須是透過企業的活動，帶動社會走向繁榮。實際上，如果只求自己公司的繁榮，這只能是暫時的，是不會持久的。」

但是，在實現共存共榮中，最困難的是與同行業之間的關係。不言而喻，同行業之間的競爭，是非常激烈的。往往陷入過度的競爭。

松下幸之助指出：

「競爭本身是好事。透過競爭，為了使自己立於不敗之地，勢必相互要發揮各自的智慧去努力工作，從而使產品品質提高了，成本降低了。沒有競爭的地方，怎麼做也仍然是品質上不去，成本下不來。

因此，競爭本身是非常必要的，沒有是不行的。但是，過度的競爭會帶來危害。所謂過度的競爭，就是連合理利潤也不要的競爭，甚至為了在競爭中得勝，採取一時不惜犧牲血本的辦法削價出售。

如果使不能取得合理利潤的過度競爭繼續下去，全行業會陷入疲憊狀態，有時會出現企業倒閉。一般來說，倒閉的是資本小的中小企業，越是資本雄厚的大企業，越能頂過

六、互利共贏：人生的藝術

去。因此，也會出現所謂資本的橫行霸道。因無經營能力乃至經營不當而倒閉，這是迫不得已的事情。而有經營能力的人，如果在取得合理利潤的情況下競爭，是能夠順利地做下去的。但是，即使是這樣的經營者，如在過度的競爭下，沒有雄厚的資本，也可能導致倒閉。

總之，過度競爭的結果，有經營能力的人也會倒閉，這不但使企業陷入混亂，也為社會帶來很大的危害。進而，如果不能確保合理利潤，必然導致稅收的減少，為國家和社會帶來危害，確是有百害而無一利。

所以，個人及企業間的正常競爭，是值得提倡的，而過度的競爭，則是罪惡，必須排除之。越是資本雄厚的大企業，在同行業有著主導作用的企業，越是應該引以為戒。」

松下幸之助強調，將同行業間互相幫助、共存共榮的精神隨時放在心上，並付諸實踐是非常重要的。

雖說物競天擇是生命演化的基本形式，但是過分相爭絕沒有贏家。

7. 互補競爭，實現雙贏

　　殘酷的競爭往往導致兩敗俱傷的結果，為了避免這種誰也得不到利益結果的出現，又適應優勝劣汰的競爭規律的支配，我們往往應該進行互補性競爭。

　　互補性競爭會使競爭雙方互贏其利，共同發展。在互補性競爭中雙方都獲利，誰也不消滅對方。競爭對手的合作就是這種互補性競爭，是由單贏走向雙贏的最好的途徑。

　　1990年代初期，美國汽車業陷入自我毀滅的惡性競爭局面。年終現金回饋及經銷商折扣戰此起彼落，嚴重侵蝕了產業獲利率。到了年終，只要有一家企業以促銷方式出清存貨，其他企業只好被迫跟進。更糟糕的是，每到年底，消費者也期待企業提供現金回饋。有些消費者甚至將正常購車時間延後，到年底有折扣時再行動，如此迫使企業只好提前推出促銷活動。汽車企業能否擺脫此窘境？有沒有人想出替代方法，讓企業不用彼此傷害對方？通用汽車公司似乎正朝這個方向努力。

　　1992年9月，通用汽車公司與家庭財務公司發行一種認同信用卡。根據這種新信用卡的規定，持卡人購買、租用該公司汽車時，可享受刷卡金額5%的折扣，以每年不超過

六、互利共贏：人生的藝術

500 美元，累計不超過 3,500 美元為限。此稱為 GM 卡的認購卡，已成為有史以來最成功的信用卡。才發行 1 個月，持卡人就有 120 萬人，兩年後更增至 870 萬人，而且持卡人數仍在繼續增加中。專家預測，北美地區以 GM 卡消費的金額，將占總營業收入的 3 成。

負責發行 GM 卡的主管經理韋德指出，GM 卡藉著策略「征服」福特及其他汽車公司的潛在買主，協助通用汽車擴大了市場占有率。但更重要的是，GM 卡很微妙地改變了賣車競賽。GM 卡取代了通用汽車公司過去使用的促銷手段。對非持卡人而言，通用汽車的車價相對提高，因為經銷商不再提供現金回饋或折扣了。這些潛在購買者可能會考慮購買福特或其他品牌汽車，導致福特汽車公司獲得喘息空間。福特甚至還可以稍微漲價為必要措施。此時，通用汽車也可以漲價，而不致流失顧客，讓福特占到便宜。結果造成通用與福特雙贏的局面。

如果通用卡真的如該公司宣傳得那麼好，其他公司為什麼不跟進呢？也有人跟進呀！福特就選擇和花旗銀行發行信用卡，福斯汽車公司也和 MBNA 公司合作發行信用卡。這些新上市的認同信用卡是否會對通用卡產生負面影響？不見得。

模仿其實是最誠摯的恭維。但是如果用到商場上，模仿通常被公認為是殺傷力很大的恭維。探討策略的教科書一再

7. 互補競爭，實現雙贏

警告道，如果你的策略遭人模仿，就不用想再從這個策略賺到錢了。換言之，你必須確保經營策略不被人模仿，以免利潤受到嚴重侵蝕。

然而在實務上，模仿不見得有害。當然，如果大多數汽車製造商都與金融業者發行信用卡，通用卡的發行能力一定會受到影響。但是目前只有兩家跟進，對通用汽車利多於弊。具體言之，自從福特與福斯相繼推出購車信用卡，同時取消過去採用的促銷手段，以抵銷信用卡提供折扣的成本之後，對未加入福特及福斯信用卡陣容的廣大顧客群，也就是通用汽車的潛在車主而言，汽車價格不僅微幅上漲。買不到有現金回饋或折扣的汽車，就等於車價上漲。因此，通用汽車公司可以趁此機會固守價格，或進一步調漲售價。由於 3 家公司開始擁有更忠誠的顧客群，自然都無意發動價格競爭。

想要了解 GM 卡的影響層面有多麼深遠，我們有必要以博弈理論來說明。如果我們不採用利他主義，也就是站在他人的角度，將很難看到 GM 卡的連鎖反應。博弈理論的關鍵，即在預測福特、福斯及其他汽車製造業者，對通用汽車公司主動採取行動的反應。

改變競賽的目的，無非是想要取得領先地位。這一點是毋庸置疑的。但是通用汽車的策略幫助了福特的事實又怎麼

六、互利共贏：人生的藝術

解釋呢？一般人都視商場即戰場，一方的勝利一定建立在另一方的失敗上。其實，不見得一定是這樣。有時你必須打敗對手，但是有時，你也可以採用最終大家都是贏家的策略。通用汽車就是最好的例子。不要覺得驚訝，有時邁向成功的最好方法，是讓你的同行（包括你的死對頭）和你共享成功的果實。

採用雙贏策略有以下四點好處：第一，由於雙贏策略未經開發，其中必定有許多機會；第二，由於雙贏策略並未強迫同行放棄既有地位或利益，因此他們不僅不會抗拒，反而會欣然配合；第三，雙贏策略不致引起報復行動，故較能持久；最後一點，就算同行模仿雙贏策略，也是利多於弊。

所以，在當代，無論是個人間的競爭還是企業間的競爭，都應該提倡互補性競爭，由單贏走向雙贏，實現利己、利他、利社會之目的。

8. 互補互惠，避免錯誤競爭

沒有競爭就沒有動力，沒有競爭，就沒有發展。但是社會競爭並不是「你死我活，勢不兩立」的競爭，而是在互補互惠的基礎上，追求共同進步與發展的競爭。

競爭的目的無非是追求價值，創造價值及掌握價值。為了描述追求價值的過程，在此介紹「價值網」的觀念。價值網清楚說明競爭所有參與者及他們彼此的關係。

在二維空間中，商場競賽的參與者互動。縱座標是公司的顧客以及供應商。諸如人工及原材料等資源從供應商流至公司，產品及服務從公司流至顧客。貨幣則反向操作，從顧客流至公司，再流至供應商。橫座標是與公司互動、但是並不彼此交易的參與者，包括「替代者」與「互補者」。

替代者是可以取代公司的參與者，顧客可以轉向替代者購買產品；供應商可以轉向替代者供應資源。

對消費者來說，可口可樂公司與百事可樂公司就是互為替代者，因為兩家公司銷售彼此競爭的可樂產品。較不為人知的是，對供應商而言，可口可樂公司與泰森食品公司是替代者，這是因為兩家公司都使用碳酸氣。泰森公司用碳酸氣冷凍飼料雞；可口可樂公司用碳酸氣製造汽水。可樂公司的

六、互利共贏：人生的藝術

人常說：「沒有嘶嘶聲，就沒有生意。」

互補者也是價值網的參與者：顧客向互補者購買產品，以補公司產品之不足；或由供應商銷售互補的資源。互補者的典型例子是電腦硬體與軟體公司。

業者推出運算速度更快的奔騰晶片，使用者比較願意投資購買更強的軟體；而更強的軟體上市，如微軟的最新版本 office，促使人們比較願意投資購買效能更好的硬體。另外，就乘客而言，美國航空與聯合航空是替代者；但是兩家公司決定投資增購新型客機時，卻變成互補者。這是因為波音公司設計新型飛機，唯有足夠的航空公司認購新產品，設計成本才能回收。由於航空公司彼此幫忙，在同業採購新機型時，順便認購幾架或更多架，所以彼此變成互補者。

這裡用「互補者」與「替代者」這兩個名詞，是因為，傳統商業用語有礙人們了解商業競賽參與者的互賴關係。例如競爭者一詞，只讓我們想到雙方彼此激烈競爭的情形，卻忽略雙方也可以聯手合作。替代者描述了市場關係，並未注入任何偏見。至於傳統策略分析常忽略的互補者，則是替代者的天生對手。

價值網描述了參與者的不同角色。參與者同時可扮演數個不同角色。別忘了，美國航空和聯合航空既是替代者，亦是互補者，有本書中，也認同此一觀念：「在任何一天，美

8. 互補互惠，避免錯誤競爭

國電話公司可能會發現，摩托羅拉既是供應商、購買者、競爭者，又是合夥人。」

價值網告訴我們，商場競賽有兩種對稱的基本關係，第一種是顧客與供應商的關係；第二種是替代者與互補者的關係。了解這兩種對稱關係，有助於我們擬定改變競爭的新策略，或擬定現有策略的新應用。

面對價值網的縱座標，我們應當明白，這是一種合作與競爭的混合關係。供應商、公司與顧客攜手合作，率先創造價值；到了分大餅時，競爭情況就會出現。

面對橫座標，我們應當似乎只看到一半事實，替代者似乎是公司唯一的敵人。就算看到互補者，我們應當也視之為朋友。這種觀點忽略了另一種對稱關係：公司與替代者的互動可以是合作的，如通用汽車公司與福特汽車公司；與互補者的互動可以是競爭的。

改變競爭是很困難的。參與者可能會遇上許多陷阱。在現實生活中根據互補性競爭的規則，應避免以下幾個失誤：

第一個失誤是宿命論。了解自己可以改變競爭是非常重要的。主動改變競爭，比受競爭規則擺布，可能會得到更多報酬。

第二個失誤是認為改變競爭一定會犧牲他人利益。有了這種想法，我們將忽略許多雙贏機會的存在。其實，良性競

六、互利共贏：人生的藝術

爭心態 —— 同時尋求雙贏機會 —— 的報酬非常可觀。

第三個失誤是參與者認為，一定要想出別人模仿不來的策略。其實，GM 卡的故事已明白告訴我們，被人模仿不見得是壞事，甚至對大家都有利。

第四個失誤是未看到競爭的全貌。例如，許多人未看到互補者的角色。解決方法是繪出價值網圖，幫助你了解所有的參與者。

第五個失誤是沒有系統性地改變競爭。解決方法是利用五要素分析，逐一探討改變各要素的可行性。經理人要有創意，但是也要從他人角度思考，不要一味自私自利。

最後要強調的是，改變競爭並沒有萬靈丹，而是一個持續的過程，其他參與者也可能嘗試改變。有時其他人的努力對你也有利，因此你無需一味抗拒，或立即再加以改變。

9. 合夥經營，創造財富捷徑

　　合夥經營，即與同伴集中資金和智慧，互幫互助，攜手共進，共同成就一份事業。

　　合夥經營，不單純是法律意義上所指的合夥企業，而是指一種經營的契約。一般來說，這種契約是兩個或兩個以上的人、企業或組織結成的。他們以共同獲取利潤為目的，共同出資，共同經營，共擔風險。

　　人與人之間的交往，非常重視「誠實」和「信任」。可是，我們大家都知道，置身於社會的人是千差萬別的，「誠實」與「信任」也不像空氣一樣每個人都有。否則，騙人的事就不會出現了。對此，我們每一個人都應該了解。西漢的偉大歷史學家司馬遷說過：「天下熙熙，皆為利來；天下攘攘，皆為利往。」所以，「誠實」與「信任」的出現，一定是在相互之間都有利可圖的時候。

　　世界上是沒有天上掉餡餅這樣的好事情的，素昧平生的人之間，只有透過利益的連繫，才可能產生真正的持久的「誠實」與「信任」。在傳統的社會裡，社會經濟是規模極為狹小的小農經濟，許多人一生的活動都局限在自然的村落、近親的家族內。因此，這決定了傳統的「誠實」與「信任」主

六、互利共贏：人生的藝術

要是發生在以血緣為紐帶的親屬內部。

但是，市場經濟是一個廣泛的交往經濟，沒有人與人之間的大規模的交往，就沒有所謂市場交換，因而也就沒有所謂市場經濟。人們的利益都無一例外是透過市場交換來實現的。這樣「誠實」與「信任」就成了市場經濟條件下人與人交往的最基本的行為準則。由於這些方面的原因，決定了合夥的形式呈現為多種多樣的形態：有親戚之間的合夥，有家族內的合夥，有朋友之間的合夥，有同事之間的合夥；有企業與企業之間的合夥，也有個人與企業或其他組織之間的合夥；有本地的合夥，也有跨地區，甚至跨國的合夥。這些形式之間，體現著由家族內向家族外不斷發展的特點，體現著親情關係在經濟活動中逐步減弱的趨勢。

合夥是一種契約，契約也就是合約的別稱，它的作用是，規定訂立契約或合約的人相互之間的義務和權利。比如，彼此之間出資的比例、利潤的分配方法、不同的合夥人應該承擔的債務份額、各自在企業中的地位等。這樣，根據契約人的結成關係，合夥人也可以分成好幾種形式。它們有：普通合夥人、名義合夥人、有限合夥人、祕密合夥人、匿名合夥人、不參加管理的合夥人等。所以合夥不是別的，就是幾個人或幾個組織和企業聯合起來做生意，不管他們採取什麼樣的形式，也不管他們把自己的企業登記為什麼樣的

9. 合夥經營,創造財富捷徑

法律名稱。只要是合夥,他們的根本目的就只有一個——雙贏。離開了雙贏這個準則,任何形式的合作都不會存在(或長久存在),當然也就不可能有雙方的共同發展。

六、互利共贏：人生的藝術

10. 事業成功離不開合作

在事業之舟、奮鬥之途中，離不開志同道合的合夥人，離不開相扶相持的朋友。他們的幫助與激勵，將為你的騰飛插上雙翼。

在現實生活中，有許多人仍在死守著「寧做雞頭，不做鳳尾」的陳舊觀念，安於自己的一畝二分地，不願與人合夥，其實這些人是典型的目光短淺者。

在我們看來，與人合夥的觀念核心有兩個，一是資產經營的觀念，一個就是一種文化的觀念。資產經營的觀念就是，要求所有企業經營者，都要學會用一個指標來評價企業決策正確與否，那就是企業的資產是否在不斷地增值。而文化的觀念則告訴我們，經營企業不是閉門造車，必須要眼光朝外，以開放的胸襟面對世界。

有家汽車公司的創始人，就是完全依靠與他人合夥經營而發起來的。他的合夥經歷頗有一些傳奇色彩。

這位創始人13歲時在嬸嬸的幫助下，先在一個葡萄牙人家打雜，後來到飯店當學徒、到咖啡店當服務生。20歲那年的一天，他在街上碰到兩個人正在為撿到的皮包爭吵，於是走過去說：「你們別吵了，聲音大了把警察引來，誰也

10. 事業成功離不開合作

沒有好處。」然後他悄聲說道：「這裡就你們兩人，有話好商量，總會有解決辦法，先看看皮包裡是些什麼東西吧。」兩人認為他說得有理，就打開皮包。包裡除了一些隨身雜物外，是一疊疊的盧布。為感謝他的提醒，這兩人決定把盧布分為三份，一份歸他。

於是這位創始人把分到的盧布兌到 500 塊大洋，這可不是一個小數目。於是他決定買輛汽車，做出租生意。他在岳母的幫助下，以分期付款的方式，購得一輛日本產的黑龍牌舊篷車。他不會開車，便請了一個司機與他合夥，一個開車，一個攬客。由於生意經營得法，不到兩個月，他就還清了買車的欠款，於是車行又賒售給他一輛美國生產的新車，3 個月後，他就付清了。

經過幾年的努力，他擁有轎車 20 輛，資產達數百萬。在常人看來，他應該很滿足了，也用不著再與其他人合夥經營，因為就他已經擁有的資產是足夠用一輩子的了。但是他沒有就此陶醉，而是深知自己的事業要做得更大就必須與人聯手。這時有一個人出現了。

這個新出現的人是他的朋友，相當熟悉外匯行情。有一天，朋友匆匆跑來問說：「我認為外匯近期會漲，你如果有打算，我願意與你合作。」「好啊，到通用汽車公司買一批車子怎麼樣？」於是他們到銀行做了押匯，先付一二成定

六、互利共贏：人生的藝術

金，連續向通用汽車公司訂購雪佛萊轎車，總計 400 輛，全部結算成外匯。不久，銀元兌美元比價不斷下降，從每 100 銀元兌 45.5 美元直線下降到只兌 24 美元。車輛還未到貨，車價無形中已經漲價近一倍。這兩人看準時機，果斷地將訂車丟擲，大賺了一筆。之後，他們兩人又共同出資組建了汽車公司。

雖然這位創始人本身不會開車，但是他懂得與人合作，於是他請來司機，經過短短的幾個月時間，他就辦起了自己的車行。他對金融和外匯也是一竅不通，資金也不太雄厚，但是他知道怎樣尋找自己滿意的合夥人。於是他找到了既有經驗又有資金的朋友，兩人通力合作。這說明，合夥經營的生命力是永恆的。不管你的個人事業處於什麼樣的階段，也不管你的個人事業經營的是什麼，只要你不斷地尋找，不斷地追求發展，那麼，你的事業就會不斷地進步。

在尋找合夥人時，應尋找真正志同道合者，這樣，在奮鬥之途上，才能以志趣相規勸，以道義相激勵。

11. 合作如婚姻，經營有藝術

儘管生活中有許多不幸的婚姻，婚姻帶給人們生活的幸福卻遠遠大於不幸；同樣，我們在與人合夥經營的過程中，可能會遇到很多挫折，但是我們並不能因此而拒絕與任何人合夥，單槍匹馬地做。

合夥經營有許多的優點，比如，無論你的個人事業處於什麼樣的水準和階段，你都可以透過與人合夥從而使你的個人事業邁上一個新的臺階，也使你的個人生活進入一個全新的境界。白手起家時與人合夥可以使你迅速擺脫貧困的窘境；個人事業處於困難時與人合夥，會給你帶來新生的勇氣和活力；在個人事業興旺時與人合夥，則會使你得到一份意外的驚喜。儘管合夥經營已經成為時代的大潮，成為每個人一生中不可避免的一件大事，但是合夥同時也是一個淘氣的小精靈，有時候它會傷人的，甚至會給人留下終身的傷痛。

說與人合夥是不可避免的，是因為在如今的商海上，沒有人能夠不依靠與他人合作就能取得成功。即使是一家小小的餐廳，你也必須得有採購、會計、大廚。這三種人你是不能輕易把他們當作一般員工來對待的，他們許多時候都要參與餐廳的決策。對於大一些的企業來說，情況更是明顯，董

六、互利共贏：人生的藝術

事長、董事會成員、總經理、副總經理、部門經理等，他們之間在公司的股份有多少之分，在公司裡的決策權也是大小不同，但是千萬要注意，在某種程度上來說，他們都是企業的老闆，因此這些人之間的關係和諧程度直接影響著企業的興衰和成敗。

在公司裡，最大的幾個股東之間的關係應該怎麼處理等等……這些人之間的關係其實就是合夥的關係，所以合夥與我們息息相關，合夥離我們也並不遙遠，合夥絕不限於法律條文中所規定的合夥企業。人們在合夥經營的過程中，會遇到各式各樣的困難，在這裡我們只能以一個簡單的比喻，來說明合夥經營的總原則和方法。

合夥就好比婚姻，婚姻的結成要經過戀愛、結婚、家庭等環節。許多企業家都說，像結婚一樣，與人合夥之前要經過仔細認真的互相了解和溝通。戀愛的生活是浪漫而溫馨的，可能是纏綿悱惻，也可能是一見鍾情，還可能是有情無緣，擦肩而過。戀愛的時候容易使人雙眼迷茫，看不清楚對方的真面目，那麼就會為後來的家庭生活種下不幸的種子。十步之外，必有芳草，請不要把婚姻吊死在一棵樹上。

像婚姻一樣，合夥人之間要有坦誠和經常的溝通。容不得雙方各自為政的水性楊花或是朝秦暮楚，也容不得「家庭」裡的暴政。婚姻是神聖的，它的穩固得力於雙方的共同建設。

11. 合作如婚姻，經營有藝術

無論我們怎樣努力，也無論社會怎樣的維護，總會有出現破裂的「婚姻」。「婚姻」破裂是上帝所允許的。解除「婚姻」的時候，一定會有數不清的麻煩和矛盾，協商、調解、爭吵、是非等等，但是注意不要因為「離婚」毀了各自的後半生。

人有悲歡離合，月有陰晴圓缺。禍與福就在旦夕之間。意外的車禍、天災、傷病等，突然降臨在幸福的「婚姻」上，我們都會悲痛欲絕。悲痛之餘，我們也要想仔細，死者長已矣，生者亦還生。莊子曾經說：「方生方死，方死方生。死死生生，無窮盡矣。」生命的價值，本來就在生死之間，我們最要緊的，還是把合夥的生命火把延續下去。

總之，合夥，是我們將事業做大的需要，合夥，是社會經濟發展的要求。人類的合夥經營將永不會停息。

從小，我們就知道一根竹筷易折，一捆竹筷難斷。然而長大後，很多人忘了團結才有力量這個道理。

六、互利共贏：人生的藝術

12. 確立共同目標，引導合作

眾人划槳開大船，眾人拾柴火焰高。合夥企業的合夥人只有勁往同一處使，汗往同一處流，確立共同的理想和目標，形成強大的氣力，才能使企業不斷走向成功。

有一個寓言說，從前有人讓兩匹健碩的駿馬在相反的方向上拉同輛一車，結果兩匹馬費盡力氣也沒能把這輛車拉動一步。這就是說，作用於同個物體的力量的方向不同或者相反，那麼這些力是會相互抵消為零的，也就是白費力。

在合夥企業中，如果合夥人之間不能達成一致的企業目標，形成共同的企業理想，那麼，出於對自身投資利益的顧慮，在經營過程中，就很可能出現合夥人朝相反方向拉車的可怕的事情。同床異夢的婚姻遲早是要解體的，靠金錢維繫的婚姻也不可能穩固。在失敗的合夥經營事例中，有許多情況都是因為合夥人不能形成共同理想而導致企業解體的。

一般來說，企業的理想和目標的確定，是一個長期複雜的過程，企業發展的願望要在生存問題解決之後才有可能，因此企業在初創階段，大多會不自覺地以利潤為企業的目標，其時企業發展的願望，更多的時候是一個暗藏的、朦朧的意識。因為那時的企業還很弱小，還沒有強而有力的拳頭

12. 確立共同目標，引導合作

向市場出擊，必須為企業的一日三餐殫精竭慮。於是無論你有怎樣的信心，非利潤的企業目標最多是一個遠大的抱負，而無法量化與確立。

但是企業必須要有一個非利潤的目標，哪怕是朦朧的，也必須得有一個，這不僅是因為它是企業制定行動策略的前提，更主要是因為它是企業能進入市場的通行證。社會允許企業存在，不是因為企業能帶給某些人錢財和利潤，而是因為企業能為社會提供豐富的物質和優質的服務。這就好比社會讓一部分人從事政府工作，絕不是因為政府機關能為某些人提供實現他們權力意志的舞臺，而是因為社會公共權力機構可以協調人與人之間的衝突。

所以企業的生存和發展，必須以企業能否履行相應的社會義務和責任為前提。企業的利潤是在企業履行社會義務和責任的過程中得到的，不過是對為社會做貢獻的人的一種物質獎勵。像日本的索尼公司，當井深大和盛田昭夫剛創辦他們的技術研究所的時候，他們也沒有一個全球大電氣化企業的明確目標，一切都是在後來的發展中逐漸明確的。有些企業的共同理想的形成甚至要經歷幾代人的艱苦努力。

飛利浦，這個世界聞名的超級企業集團，在它創業之初，只是一個只有 10 個人的小廠。1891 年，荷蘭機械工程師赫拉德‧飛利浦（Gerard Philips）創辦了飛利浦公司，專門

六、互利共贏：人生的藝術

生產碳絲燈泡。但是這只有 10 人的小廠持續虧損，債臺高築，到了 1895 年的時候，赫拉德到了走投無路的地步。這時，他的弟弟安東·飛利浦（Anton Philips）加盟經營。安東加盟之後，經過分析當時市場行情、社會政治狀況等，便找到了赫拉德虧損的根源。

安東認為，公司要生存和發展就，必須把眼光跳出狹小的荷蘭，而把產品送往地廣人稠、市場巨大的俄國。當時的俄國正在進行大規模的現代化運動，政府特別想把昏暗的油燈改為明亮的電燈。安東一到俄國，就輕鬆得到了 5 萬個燈泡的訂單，飛利浦公司起死回生，並迅速地發展壯大了起來。後來安東對此總結說：「正確的企業目標是企業成功的前提，但是企業理想的形成不可以是想當然的，必須是對社會、時代需求的最熱烈的回應。」

總之，在對待塑造合夥企業的共同理想問題上，一定要慎重、仔細、有耐心，一切在戀愛婚姻中適用的原則，在合夥經營中都適用。

追求的一致會產生合力，志向的相同更容易成功。道合才相與謀，才甘苦與共。

13. 杜絕私心，規範制度

　　無規矩不成方圓。良好的合作經營，不僅需要高超的合夥藝術以維持需要完善規範的管理和財務制度來保證，尤其還要杜絕結黨營私。

　　人多少都有一點私心，喜歡使用幾個「自己」的人，如果所有的合夥人都這樣做，這個合夥生意就很難平靜無事了。甚至於會形成幾個小團體，各自培養個人的勢力。因此，為了避免這類事情發生，必須要建立一套大家共同遵守的人事制度，袪除私心，真正為大家共同經營的事業選拔人才。

　　該升的升，該調的調，不要為情感問題傷腦筋。這一點，也是合夥生意與家族企業最大的不同之點。在家族企業中，老闆只有一個，他有絕對的決定權，不管他對人事的處置是否公平合理，沒有人會干涉，旁人只有建議權，沒有否決權。合夥生意就不同，老闆有好幾個，雖然也有形式上的領導人，但是終究不是純老闆、純員工，一旦產生意見，大家僵了起來，誰也可以不聽誰的。所以，大家必須要服從制度，建立起制度的權威，而不是建立股東個人的權威，也不是建立領導個人的權威。

六、互利共贏：人生的藝術

　　無論是由情感結合在一起的，或是基於資金需要或技術和管理需要而合作的生意，必須打破情面，盡可能的不用自家的人。因為合夥人之間相處得很好，並不能保證合夥人引進的親戚朋友也能相處得很好，一旦他們之間產生意見，或爭權奪利，必然會影響合夥人之間的情感。

　　當然，生意做大之後，如對親戚朋友完全不照顧、不提拔，也是很不近人情的事，尤其是在我們這個重視人情味的社會裡，完全不講私人交情，的確是不太可能的事。不過，假如非用私人不可的話，也必須要有一套防止惹是生非的辦法，不能讓這些人破壞了合作的基礎，傷害到合夥人之間的感情。

　　結黨營私是很不好的事情，它一旦出現在什麼地方，就會對什麼地方造成危害，它出現在什麼事情上，什麼事情就會變得複雜和難辦，它會把一個原本是堅固團結的整體弄得四分五裂。古代幾乎每一個朝代的末期，都無一例外地盛行著爭權奪利的鬥爭。西漢末期，宮廷內是外戚專權；東漢末期則有宦官和朋黨之爭；明朝魏忠賢充分利用東廠這個特務組織，一心要登上皇帝的寶座⋯⋯

　　一個組織或團體如果內部出現結黨營私的狀況，那麼這個組織和團體就會出現危機。防止結黨營私的手段和方法有許多種，但是最重要的途徑有兩個，一個是完善人事制度，

13. 杜絕私心，規範制度

另一個則是完善團體的財務。因為人類群體的結成，核心的紐帶是共同利益。任人唯親是透過人與人之間天然的連繫來謀取利益，而一旦這個途徑被堵塞，唯一的選擇就是用金錢來結成新的利益聯盟。

從歷史和現實來看，用金錢結黨營私的現象更為普遍。所以在合夥企業裡，為了防患於未然，除了在人事問題上反對任人唯親外，更重要的是防止個人控制財務。俗語說：「人為財死，鳥為食亡」。為了防微杜漸，不傷害所有合夥人的利益，不讓朋友們苦心經營的公司失敗，公司的財務對所有的合夥人要絕對公開，而且要公私分明，不容許任何人破壞大家共同建立的財務制度。

在合夥生意中，特別是好朋友在一起合夥時，一開始最容易有這樣的現象：大家當初在學校時，或在某公司共事時，彼此處得很好，不僅錢財不分，連衣服都沒有分過彼此，一旦合夥做生意，自然也不好意思提議把錢財分清楚，誰要是在這方面太計較了，就顯得他太不夠意思。朋友有通財之義嘛，斤斤計較，豈不傷了和氣？反正有錢大家花就是了，誰花多點，誰花少點，又有什麼關係。

這種想法是大錯特錯的，將為合夥生意種下無窮的後患！

要知道，合夥做生意不是當年那種純感情的交往，你有

六、互利共贏：人生的藝術

錢請我吃碗麵、看場電影，我有錢請你吃飯，根本不必計較你的我的，反正有錢大家花，花光了再想辦法。可是，合夥人做生意，是想以有限的金錢賺無限的金錢，大家的理想是要創造一份事業，為自己創造一份財富。不僅不能把老本花光，賺的錢也不能全部開銷掉。如果到了年終、月尾一結帳，生意是賺了錢，但是賺的錢全部都花光了，大家心裡就會開始計較了，你認為他花的多，他認為你花的多。

一開始，大家基於過去的友情，還不好意思公開指出來，等到了忍無可忍提出來檢討時，必然會嚴重地傷害了彼此的感情。好朋友一旦決裂，那比不是朋友還嚴重。他覺得你不夠朋友，你認為他不講交情。到了這種地步，除了大家分手，再也沒有更好的辦法。所以合夥做生意，必須要建立起一套完善的財務制度，而且要一絲不苟地去執行，絕不可以跟感情混在一起，造成你我不分的局面，免得等大家想分清楚的時候，已經無法分清了。

君子和而不同，小人同而不和。沒有原則的結黨營私，最終是「樹倒猢猻散，食盡鳥分飛」。

13. 杜絕私心，規範制度

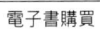

國家圖書館出版品預行編目資料

進退法則，處世沒有那麼難：方與圓 × 進與退 × 剛與柔……掌握好分寸，它們都是你最好的處世學分 / 康昱生，舒天，孫思忠 著 .-- 第一版 .-- 臺北市：財經錢線文化事業有限公司, 2024.10
面；　公分
POD 版
ISBN 978-626-408-031-6(平裝)
1.CST: 修身 2.CST: 生活指導 3.CST: 成功法
192.1　　113015255

進退法則，處世沒有那麼難：方與圓 × 進與退 × 剛與柔……掌握好分寸，它們都是你最好的處世學分

作　　者：康昱生，舒天，孫思忠
發 行 人：黃振庭
出 版 者：財經錢線文化事業有限公司
發 行 者：財經錢線文化事業有限公司
E - m a i l：sonbookservice@gmail.com
粉 絲 頁：https://www.facebook.com/sonbookss/
網　　址：https://sonbook.net/
地　　址：台北市中正區重慶南路一段 61 號 8 樓
8F., No.61, Sec. 1, Chongqing S. Rd., Zhongzheng Dist., Taipei City 100, Taiwan
電　　話：(02) 2370-3310　　傳真：(02) 2388-1990
印　　刷：京峯數位服務有限公司
律師顧問：廣華律師事務所 張珮琦律師

-版權聲明-

本書版權為淞博數字科技所有授權財經錢線文化事業有限公司獨家發行電子書及繁體書繁體字版。若有其他相關權利及授權需求請與本公司聯繫。
未經書面許可，不可複製、發行。

定　　價：375 元
發行日期：2024 年 10 月第一版
◎本書以 POD 印製
Design Assets from Freepik.com